発達障害児を育てるということ

柴田哲　柴田コウ

JN003944

光文社新書

まえがき：障害と普通のスキマ

支援のスキマにある「軽度」の障害児

我が家の三男ヨウは自閉症[1]である。若干の発達（知能）の遅れもある。２０２３年現在、中学3年生（14歳半）で、自宅の近くの公立中学校の特別支援級に通っている。

ヨウには自閉症の症状っぽい、ちょっとしたこだわりや動き、コミュニケーションの悪さがある。ただ、家族や先生との会話はできる。お笑い、マンガ、ゲームなんかの自分の好きなことについては饒舌《じょうぜつ》になる。ヨウの状態は、障害者として（学校での特別支援教育以外には）公的なサービスが受けられるほどではない。しかし、勉強だけでなく、学校生活で他の子に合わせて行動することは難しい。けれども、周囲には「勉強には苦労するものの、日常生活はそれほど問題ない」とみなされる。そのため、能力的には明らかに厳しいけれども、いわゆる健常者と同じ土俵で競うことになる。

本書の筆者であるヨウの父は、大学に勤務する発達心理学の研究者である。母は乳幼児の発達や障害を中心とした臨床の現場で心理の仕事をしている。そしてヨウは、障害者とは扱ってもらえないけれども、周囲のいろいろな配慮や支援がないと、他の子とは同じようにやっていけない「軽い発達障害」である。本書は、そんなヨウが成長の途上で経験するさまざまなできごとについて、発達や障害の専門家である両親が、親としての視点と専門家としての視点を行き来しながら綴った物語だ。なお、本書は、まず父が当時のメモなどをまとめ、母が事実の修正、追記などをする形で書いた、ヨウの両親による共著である。

ヨウの家族

ヨウには二人の兄がいる。ヨウが巻き起こすできごとを二人の兄と比べてみると、自閉症故《ゆえ》に起きている部分もあれば、単に性格の違いによる部分もある。本書には兄二人も頻繁に登場するので、ここで簡単に家族を紹介しておく。なお、子どもたちの名前は仮名である。

長男セイ

セイはヨウより7歳年上で、現在大学生である。セイを一言で表すと、発達も性格も行動も「普通」としか言いようがない。勉強も運動も平均よりちょっとできる程度で、飛び抜けている部分はない。高校のときに不登校になったこともあり、セイ本人は自分に自信がなく、コミュニケーション能力も低いと思っている。しかし、実際には（家族以外には）あまり自己主張せず、周りに合わせるため、協調性は高い。ただし、勉強は好きではないし、流行に敏感というわけでもないので、話題に乏しく、話し上手とは言えない。ちょっと面倒くさいことは人任せにしがちだが、大抵は周囲の人に助けてもらえる。そんなところも含めて、セイとヨウは顔立ちや趣味・嗜好《しこう》なんかもよく似ている。

次男オト

ヨウの年子の兄であるオトは、運動は極度に苦手だが、勉強は得意である。ときおりエキセントリックな発言をするものの、兄弟3人の中では最も知的好奇心が強い。そのためか、勉強や読書なんかも割と一生懸命やる。「ゆで卵のゆで具合はどの程度が一番おいしいか」といったどうでもいいことから、原子力発電の是非のような社会問題、数学における曲線の性質まで、自分の意見（主張）をはっきり言う。そのため、周りの人とぶつかったり、浮いたりすることも多い。協調性があるとは言えないが、話題は豊富で、一部の人には「かしこくて、おもしろい」とみなされている。兄弟3人の中で、一人だけ顔立ちや体格も違う。

ヨウの父

ヨウの父は大学教員（研究者）で、心理学を専門としている。心理学というとカウンセリングを思い浮かべる人が多いかもしれないが、ちょっと違う。心理学は、まず、心の働きや仕組みを研究している基礎研究がある。その応用として、心理的な問題を抱える人への心理療法や発達障害の子どもへの支援などがある。医学が、人間の体の仕組みや病気のメカニズムについての（基礎）研究と、病気の治療にあたる医療とで成り立っているのと同じである。そして、医学というと大半の人が医者を思い浮かべるように、心理学が専門というとカウンセラーや心理療法家を思い浮かべるのは自然である。が、父がやっているのは基礎研究のほうである。特に幼児の社会性の発達なんかを研究テーマにしている。

父の性格には、ちょっとエキセントリックなところがあり、原理原則に固執するところがある。よって、ヨウの自閉症は父由来かもしれない。[2]とは言え、父には生活や仕事で困るほどの固執行動はない。人見知り傾向はあるものの、コミュニケーション能力に問題があると指摘されたことは（たぶん）ない。エキセントリックな言動や主張の激しさは、次男オトに受け継がれたかもしれない。

また、本書では子どもたちのプライベートな部分を詳《つまび》らかにする必要があったため、子どもたちのプライバシー保護の目的で父の本名や所属大学名を伏せ、ペンネームで執筆した。研究者としてペンネームを使うのは初めてであるが、どうかご了承いただきたい。

ヨウの母

母は、大学と大学院で、相談者（クライアント）の相談にのる、いわゆるカウンセリングや、発達障害の子と遊ぶことで心理的支援を行う遊戯療法といったものを学んだ。その後、乳幼児健診や発達障害の子どもの療育の仕事をする中で、母の臨床家としての路線は、発達（検査）、行動療法、（応用）行動分析学と呼ばれる訓練的な色彩を帯びた方向に移っていった。

母は外向的というほどではないが、対人的なコミュニケーションは不得意ではない。実際、仕事では発達障害の子の保護者の相談にのっているわけだし、人との会話ができないようでは仕事にならない。学生時代には、喫茶店でフロア（接客）のアルバイトをするなど、客商売も苦手ではない。抜群に得意な分野があるわけではないが、どんなことでもかなり上手にできるという点は、長男セイに受け継がれたのかもしれない。

学校や先生に期待できること

現在、ヨウは地域の公立中学校の特別支援級に通っている。特別支援級は発達障害の子どもたち5〜8人程度の少人数学級で、担任の先生を中心に、いろいろな支援や補助をしてもらっている。ヨウの発達の遅れがもっと大きければ（知的障害が重ければ）、知的障害と公的に認められ、療育手帳というものを交付してもらって、さまざまな公的サービスを受けることができる。しかし、ヨウくらいの発達の遅れだと、療育手帳を交付してもらえる基準に達しない。高校も特別支援学校の高等部は受験できず、普通に高校入試を受けなければならない。高校に進学できた場合も、高校には特別支援級はないので、やっていけるかはわからない。

ヨウは、勉強だけでなく生活面でも、他の子と同じように行動することは難しい。現状では、ヨウの特徴や困難について配慮してもらえて、生徒数の少ない特別支援級以外の選択肢はない。特別支援級では一人一人に寄り添った対応をしてもらえるし、担任の先生の力量の範囲内で、授業の工夫や勉強の手助けもしてもらえる。ただし、「先生の力量の範囲内」というところに注意が必要である。

これまでの学校システムは「標準的」な子どもたちを念頭に作り上げられてきた。「標準的」ではない子どもたちを対象とした特別支援教育については、未だにシステムとしてきちんと整備されているとは言い難い。特別支援教育は、現場、すなわち個々の先生に丸投げされているのが実態である。そして、特別支援教育がシステムとして未整備であるために、現場の先生たちの発達障害への対応に関する教育や訓練は不十分なままである。

学校（教育）の問題は特別支援教育に限らない。近頃、教師の長時間労働をはじめとして、学校現場のさまざまな問題がニュースになっている。これは、これまでの学校の「標準的な」教育システムが、現状にそぐわなくなっているためである。「教育改革」が叫ばれるが、その多くは現場に負担をかける割には効果をあげていない。そして、現場は疲弊している。

学校は「標準的」な子たちにすら、学力をつけることが難しくなっているようである。そんな疲弊した学校に、「標準」についていけない発達障害の子どもの教育や対応について、期待し過ぎてはいけない。

しかし、だからといって、発達障害の子の保護者は手をこまねいているわけにもいかない。組織としての学校（や教育委員会）には期待しない方がいいが、個々の先生は保護者からの要望や相談に応じてくれることも多い。ただし、学校の先生は発達障害や特別支援教育の専門家として、十分な知識や技術を持たないという前提で、要望や相談をする必要がある。そうなると、保護者がある程度の知識を持っていたり、発達障害を持つ自分の子どもに（特に学校で）どんなことが起こるのかを想定できる方が良いだろう。

本書は、公的な障害の認定や支援措置は受けられないが、普通学級では何の支援もなしにはやっていけないというくらいの発達障害（自閉症）の子どもの成長過程を追った。同じようなお子さんをお持ちの親御さんや、そうした子どもにかかわる人たちの参考にしていただくとともに、少しばかり「普通」からズレた子どもを持つ親が直面する、子育てや学校教育の現状について、多くの方に知っていただければ幸いである。

１　現在の自閉症の正式名称は自閉スペクトラム症（ASD：Autism Spectrum Disorder）である（American Psychiatric Association〈著〉，日本精神神経学会〈日本語版用語監修〉，高橋三郎・大野裕〈監訳〉２０１４『DSM-5精神疾患の分類と診断の手引』医学書院）。ただ、これまで自閉症、広汎性発達障害、アスペルガー（Asperger）症候群などいろいろな呼び方がされてきており、自閉スペクトラム症（ＡＳＤ）という呼び方も、まだ、一般には定着していない。そこで、本書では自閉症と書いてあることが多い（なお、その他の呼び方をしている箇所もある）。

２　自閉症（ＡＳＤ）には、一定程度遺伝の可能性があることが指摘されている。ただし、自閉症は単一の遺伝子によって起こる遺伝病というわけではなく、複数の遺伝子や様々な要因（例えば、両親の年齢、妊娠中の母体感染症など）が複合的かつ複雑に絡み合って生じると考えられている（Ｓ・フレッチャー＝ワトソン，Ｓ・ハッペ，Ｆ〈著〉石坂好樹・宮城崇史・中西祐斗・稲葉啓通〈訳〉２０２３『自閉症――心理学理論と最近の研究成果』星和書店）。

発達障害児を育てるということ——目次

第2章　イギリスの保育園　自閉症の兆候　53

第4章 小学校入学 発達障害児と勉強

第5章 小学校中学年 漢字がわからない！

イラスト／佐藤香苗
図版／キンダイ
章扉デザイン／熊谷智子

第1章

3人目の男の子：

かわいすぎる赤ちゃん

1．育てやすい赤ちゃん

三男の誕生：写真があんまりない

ヨウは三兄弟の末っ子である。生まれたときには兄弟の中で一番体重が重かった。ただ、生まれたときの身長も一番高かったので、太っている感じはしなかった。ヨウには7歳上のセイ（長男）と1歳上のオト（次男）の兄弟がいる。ヨウが生まれた頃の次男オトは1歳過ぎだったが、大柄で、特に横幅が大きかった。そのため、ヨウは相対的に小さく見えた。

ヨウが生まれたとき、父は学会で出張中だった。出産予定日と出張期間が重なってしまったので、父の両親（ヨウの祖父母）に応援に来てもらった。ヨウは、夜中の3時に破水、午前8時半に誕生というスピード出産だった。母は自宅で破水したあと、とりあえず保険証や母子手帳などの必要最小限の入院グッズを持ち、バタバタと病院までおじいちゃんに車で送ってもらった。上の二人も破水してから陣痛が始まったが、その後は出産まで15～16時間かかったので、今回もそれくらいだろうと母は思っていた。そのため、足りないものがあっても、後から持ってきてもらえばいいだろうと油断していた。セイとオトが寝ていたので、おばあちゃんが家に残り、病院にはおじいちゃんが付き添ってくれた。

陣痛も、前年の（次男の）出産のときと同じ感じだったので、「あと10時間は固いな」と母は思っていた。ところが、看護師さんからは「いい陣痛が来てますね。その調子ですよ」と言われ始め、どんどん間隔が短くなってきた。その時、母は携帯電話やカメラを家に忘れてきたことに気づいた。「このままでは出産時の写真が撮れない！」と、おじいちゃんに持ってきてもらうことも考えたが、お産が思いのほか早く進んだため、タイミングを逃してしまった。

ヨウが生まれた病院は、出産に立ちあえるのは夫と子ども（きょうだい）に限られた。そのため、生まれたての写真を撮ることができるのは母しかいなかった。おじいちゃんも生まれた赤ちゃん（ヨウ）を撮ろうと思っていたが、慌てていたため、家にカメラを忘れてきていた。なので、ヨウの最初の写真は、生まれた翌日に、見舞いに来たおじいちゃんとおばあちゃんが病室で撮ったものである。その写真も、慌てて入院したために化粧品などを持ってきておらず、母のほうはぼろぼろなので、母にとってはあまり現像したくないものとなった。

ヨウの生まれた前後は、長男セイと次男オトの世話でバタバタしていたような気がする。オトが生まれたときは、セイが生まれてから6年近くたっており、久しぶりの新生児に緊張感があった。ヨウのときはオトのときの感触が残っていて、あまり困った覚えもない。オトについては、生後3ヶ月くらいから1歳になるまで、父が育休を取ったこともあり、父にはオトが0歳ころの鮮明な記憶が残っている。一方、父は、ヨウの赤ちゃんのころの様子が、兄たちに比べてそれほど思い出せない。そして、ヨウは「下の子あるある」で、写真もあまり撮ってもらえなかった。

育てやすい赤ちゃん

父に赤ちゃんの頃のヨウの記憶があまりないのは、派手なエピソードや際だった特徴がなかったこともある。兄たちもそうだったが、我が家の三兄弟は、基本的に「育てやすい赤ちゃん」だった。

育てやすい赤ちゃんの特徴として、規則正しいことがあげられる。寝てから3時間くらいで目が覚める。おむつを替えてもらってミルクをもらって、しばらく相手をしてもらうと眠りはじめ、また3時間くらいたつと目が覚めて泣き始める。我が家の三兄弟は、どの子もおむつが汚れたりお腹がすいたりすると泣き、おむつを交換されて、ミルクをもらうとご機嫌になるという、わかりやすい反応をする赤ちゃんだった。

赤ちゃんには規則正しいパターンで寝起きするか、それともあまり規則正しくないか、また、反応がわかりやすいか、わかりにくいか、といった違い（個性）がある。生まれてすぐの新生児でも、こうした違い（個人差）は存在する。この違いは生まれつきのもので、遺伝的に決まっていると言われている。

育てやすい赤ちゃんだと、初めての出産で経験の少ない親でも、そんなに苦労せずに育てられる。また、難しい赤ちゃんでも、何度かの育児経験があったり、生活に余裕があり、親が性格的にのんびりしていたりすれば、問題は起こらないかもしれない（もちろん協力者の有無や時間的・金銭的・体力的余裕等が大きく影響するので、一概には言えないが）。

しかし、自閉症をはじめ、発達障害のある子どもたちには、難しいタイプに当てはまる子が多い。もちろん、発達障害がなくても、不規則で対応が難しい子はたくさんいる。そうした子たちの多くは、成長するにつれて育てにくさは減っていく。一方、発達障害のある子どもたちは、わかりにくさや育てにくさが長く続くことも多い。

生まれてしばらくの三男ヨウは、長男セイや次男オトとそれほど変わらなかった。細かいところまで思い出すと、上の二人に比べて、やりにくさはあったかもしれない。しかし、3人目の子どもであったこと、また、当時は、オトもまだ1歳過ぎで手がかかったために、小さな違いを見落としてしまっていたのかもしれない。

上の二人と少し違う感じが出てきたのは、ヨウが1歳を過ぎたあたりだろうか。夕方や夜遅くなってくると激しく泣き、なかなか寝付かないことが増えてきた。兄たちはそれほど激しく泣いたり、長くぐずったりすることはあまりなかった。父はちょっとイライラして、この時点で兄たちとの違いを感じ始めたが、「障害」とは思わなかった。

一方、母は〝黄昏《たそがれ》泣き〟かなと思って、あまり気にしていなかった。黄昏泣きとは「コリック」や「夕暮れ泣き」ともいわれ、夕方頃に赤ちゃんが泣いてぐずる現象をいう。1回泣き始めると2~3時間以上ぐずる赤ちゃんもおり、これが週に3~4日くらい起こることもあり、親を悩ませる。こうしたことは多くの赤ちゃんに見られることであり、母もヨウが1歳を過ぎても「障害」と感じることはなかった。

2. 兄たちの発達

長男セイ：教科書通りの発達

二人の兄たち――長男セイと次男オトについて、三男ヨウとの比較のために、発達の様子を中心に触れておきたい。

セイは、大学の「発達心理学」の授業で使われる教科書に書いてある通りの発達であった。ほぼ標準通り、３ヶ月頃に首が据わり、相手をしてもらうと笑うようになった。６〜７ヶ月には座ることができるようになり、そのすぐ後くらいにハイハイができるようになった。１歳直前くらいに話し始め、ことばが増えていき、２歳過ぎにはかなりおしゃべりができるようになった。その後の発達もほぼ教科書通りで、学校での勉強はまあまあできるが、飛び抜けているわけではない。コミュニケーション能力も問題はないが特別高くもなく、全体として本当に標準的な発達で、父や母が子育てに悩んだり、不安に思ったりすることはほとんどなかった。

セイの子育て上の悩みを強《し》いて挙げれば、夜更かし・朝寝坊ぐらいだった。これは、当時住んでいたのが大学の官舎だったことも影響していると思う。その官舎は、３ＤＫと言えば聞こえがいいが、昭和40年代前半に建てられたもので、間取りも古くさく、湿気が酷《ひど》くて一番奥の北向きの部屋は使いものにならなかった。そうしたこともあって、一家３人の生活のほとんどが６畳のダイニングとその隣の６畳和室で営まれていた。ダイニングと和室はつながっており、壁や間仕切りもない。なので、長男セイは両親が起きていると、一緒に夜遅くまで起きている。当然、朝起きるのがつらいので、ときどき保育園に行くのを嫌がることがあった。この夜型傾向は小学校、中学校、高校とその後も続き、学校に行きたくなくて休むことが、数ヶ月に一度くらいの頻度であった。

そんなセイは高校1年生の終わり頃に不登校になった。理由は、本人にもそれほどはっきりとわからなかったようである[1]が、原因の一つは生活リズムの乱れであるような気はする。中学生になった時に引っ越して部屋数が増えたので、セイは個室を与えられた。自分の部屋でゲームをしたり、ゲーム機の通信機能でオンライン動画（YouTube）を見たりするようになり、夜更かしに拍車がかかった。

その傾向は、高校生になってスマートフォンを買ってもらったことで、より酷くなった。スマホを夜中までいじる↓勉強する時間が減る・寝るのが遅くなる↓朝起きるのがつらい↓学校でもぼんやりする↓授業がわからなくなる、という悪循環である。ただ、これも現代の多くの子どもにとって、ごく普通のことである。問題の起こり方からして普通なのが、長男セイの特徴である。

学校が教えること

不登校が普通かと言われると、多数派ではないだろう。とは言え、2021年時点で、中学生の20人に1人が不登校で、増え続けている。[2] つまり、1クラスに1人は不登校の子がおり、めずらしくはない。そういう意味では、普通の子が不登校になると言える。

現在の学校は、「普通」の子が価値を見いだしにくい状況になっている。端的に言えば、頑張って勉強することが称賛されない。それどころか、バカにされるような状況になっている。もはや、「普通」の学校は、「普通」の子が勉強して学力を身につける場ではなくなりつつある。

そもそも勉強とは何だろうか。現在、文部科学省はアクティブラーニング（主体的・対話的で深い学び）を推奨している。それに合わせて、学校では先生が問いを出して生徒が考えるとか、生徒同士が議論することを、授業の中に積極的に取り入れている。「先生が一方的に知識を伝達するだけ、生徒は知識を詰め込まれるだけのこれまでの教育に比べるとすごくいい！」というわけだ。

優れた教師、知的好奇心とやる気に溢れた生徒、知的な雰囲気に溢れた社会——これらの要素が全てかみ合えば、こうした授業は大きな成果を上げるだろう。しかし、実際の教室では、先生の質問に対して、勉強のできる子は答えるが、できない子は「わかりません」と答えるだけだったりする。「わかりません」と答えても先生が叱ることはない。そんなことをしたら「アカハラ（アカデミックハラスメント）だ」と騒ぎになるかもしれない。大人しい生徒なら、傷ついてしまうかもしれない。親からもクレームがあるかもしれない。

現在の学校では、宿題をしてこなくても、厳しく叱られたりすることはあまりない。ただし、中学校では内申点が下がるし、高校だと大学への学校推薦をもらいにくくなる。内申点や推薦のためには、先生の質問に対して、正解を答えればいいわけではない。授業がうまく回るように、先生が望む「うまい」間違い方で答えると好感度アップだ。先生はうれしそうに「ここでひっかかる人が多いので要注意です」と説明し始めるだろう。

グループ（班）での生徒同士の話し合いでは、先生の示した質問やテーマについて、「みんな」で話し合うわけではない。塾なんかで先取り学習をしている勉強のできる子が「先生はどんな答えをほしがっているか」をグループのメンバーに示し、それをグループのメンバーが承認するのが班学習になってしまっている。

結局、学校で学ぶのは、他の人、特にその場の上位者が何を言ってほしいと思っているかを読み取ることになってしまっている。忖度《そんたく》する能力の高さが、内申点や推薦につながるのだ。もちろん、忖度のためには、一定の知識や思考力は必要である。授業の内容がわからないと、先生の求める解答がわからない。思考力がないと、先生の求める「やりがちな誤答」

が何かを推測できない。そうした知識や思考力は、進学塾で培われる。これから学校の授業で取り上げられる内容（単元）を少し先取りしてやっておけばバッチリだ。

こんなふうに、現在の学校は教科（書）を勉強するようなところではなく、場の雰囲気を乱さないように、発言や行動をする能力を育て、社会に出てトラブルを起こさないような人間を育てる場と化している。勉強は塾でやればいいし、塾のほうがよほど効率的に知識や技術を身につけさせてくれる。もちろん、学校の価値や意味は勉強だけではなく、友達を作るといったことにもある（と言う人も多い）。確かに協調（同調）性が高く、社会を乱さない常識人を養成するという意味では、現代の学校は成功している。

「普通」の子と学校

長男セイはそれなりに器用ではあるが、標準的な子どもだった。社会性やコミュニケーション能力は、家族の中では父や次男オトよりはちょっと高く、自閉症の三男ヨウよりはかなり高い。とは言え、世間的には標準か、ちょっと低い程度である。我が家は、セイと母がギリギリ社会でやっていける程度の社会性やコミュニケーション能力で、父とオトはいろいろなところで摩擦を起こすレベルである。そして、自閉症のヨウの社会性やコミュニケーション能力はかなり低く、周りの助けがないとやっていけない。そんな家庭なので、特に父は、常識人養成がメインとなった現代の学校をあまり快く思っていない。

父は大学の研究者で、教育学専攻に所属している（専門は心理学）。教育学専攻といっても教員養成ではなく、（学問としての）教育学や社会学を中心としている。教育学や社会学というのは、当たり前とされている社会や慣行、もっと言うと既得権的な権力構造に異を唱える学問である（もちろん、この分野にも御用学者みたいな人もいるけれど）。なので、もちろん、現在の学校やその制度に批判的である。学校は本来、忖度の能力ではなく、学力を子どもに身につけさせるべきだと思っている。そして、家でも母を相手に、そんなことをブーたれる。そんな状況では、長男セイが学校に行く意味を見失っても仕方がない。

現在の学校では、社会性やコミュニケーション能力によって、クラスや部活といった小さな集団の中での立場、序列が決まる。学校ではそういった能力こそが重要なので、勉強は二の次である。生徒はもちろん、教師もこの状況に呑《の》み込まれている。そして、周囲を気にせずに、勉強やスポーツ・芸術に邁進《まいしん》して孤高を貫くほどの才能もないし、努力もできない「普通」の子が、忖度が命の学校に価値を見出せなくなると、不登校しか逃げ道はなくなってしまう。「普通」の子であるセイは、第一志望の公立高校に落ちて、滑り止めの私立高校に行くことになってモチベーションが下がっていたところ、蔓延《まんえん》する忖度にもついていけなくなり、学校に行かなくなった。

ごくごく標準的な子でさえついていけなくなる、「忖度」第一の学校。多くの発達障害の子どもたちは、社会性に問題をかかえていたり、コミュニケーションが苦手なことが多い。もちろん自閉症の子どももそうしたことが苦手だし、難しい。その難しさこそが自閉症の特徴だったりする。現在の学校は、自閉症を始めとした発達障害の子どもたちにとって、ものすごくつらい場所である。発達障害の子どもたちは、社会性やコミュニケーション能力の低い子が多いが、勉強も不得意なことが多い。そして、子どもに勉強させることを放棄した学校には、もはや発達障害の子どもたちに学力をつける力もそれほど残されていない。

次男オト：凸凹な発達

教科書通りの標準的な発達だった長男セイに対して、次男オトの発達は凸凹で、極振りキャラである。生まれたときはそれほど大きいわけではなかったオトだが、生後数ヶ月で巨大化した。セイも生後数ヶ月でぷくぷくと赤ちゃんらしく太ったが、オトの場合「巨大化」だった。（ギリギリ）標準の範囲内（ただし、上限）の成長なのだが、見た目からして、ずっしり重そうなのである。そして実際に重かった。

　オトはずっしり、ごつめな見た目のせいもあるが、ハイハイや歩くときの動きも、なんだか雑だった。どーん、ばーんという擬音がつきそうな動きで、しかも手足をはじめとした体の各部の動きが、どうにもギクシャクしている。極めつきはよだれである。常によだれを垂らしている。「たらーん」ではなく、「ダラダラ」である。「ずしーん」とか「どーん」といった擬音がつきそうな体形と動き、ほとんど首の見えない二重あごとムチムチのほっぺた、常に笑っているように見える一重の細い目、そして大概笑っている口元からはよだれがダラダラ……すごく不細工に思えるかもしれないが、赤ちゃんの場合、これはこれで愛嬌《あいきょう》となる。なんというか、ブサカワである。実際、オトは保育園などでも愛されていた。

　オトの動きが雑なのは、体（重）のせいもあったかもしれない。しかし、視線の先の小さなものを上手につまめず（ぐしゃっとは握れる）、手先も不器用だった。二枚重ねのよだれかけがいつもぐっしょりなほどのよだれは、口元の筋肉のコントロールの悪さを示しており、障害を予想させた。少なくとも運動協調障害はあるな……と父は思った。

　運動協調障害の子どもは、身体機能に問題がないにもかかわらず、人並み外れて不器用で、極端に運動が苦手である。はしやハサミを使う、ボタンをとめる、ひもを結ぶといった指先を使うのが苦手だったりする。指先だけでなく、縄跳びができない、階段の昇り降りがぎこちないなど、全身を動かすのが苦手なこともある。

運動協調障害の中心的な問題は、目で空間的な位置を確認し、自分の体と対象との距離を測ったり、目と手足を連動して動かしたり、体のバランスを取ったり、力の入れ具合や動くタイミングを調整したりといった知覚と運動の調整（協調）ができないことにある。小学校の30人学級ならクラスに2～3人（約6～10％）はいるとされている。注意欠如・多動性障害（ＡＤ／ＨＤ）、限局性学習障害（ＬＤ）、自閉スペクトラム症（ＡＳＤ）と重複することも多い。

次男オトについては、運動にいささか問題がある以外にも、ことばが遅いのでは、と父は思った記憶がある。しかし、何でも平均より少し早めの長男セイに比べて遅かっただけで、1歳を何ヶ月か過ぎた頃にはしゃべり始めた。その後、しゃべるのが上手になるにつれて、よだれはマシになっていった（といっても、3歳近くまではよだれかけ2枚重ねは継続していた）。おそらく、成長に伴って、口や舌の筋肉が上手に動かせるようになった結果、口をしっかり閉めて、よだれを飲み込めるようになったのだろう。

よだれはマシになったものの、オトの運動面のどんくささは続いていた。走り方がおかしくて、手と足の動きが合っていない。走ると手と足の動きがバラバラで、バタバタしていた。小学２年生のときの運動会の徒競走では、両手を後ろに向けて走っていた。本人曰《いわ》く「（マンガの）『ＮＡＲＵＴＯ』の走り方」[3]だそうだが、たぶん手を振ると、足の動きに合わずバランスが崩れるので、いっそのこと動かさないという結論に至ったのだろう。ボールを投げるのも難しかった。階段から落ちたり、水たまりにはまったりも、ときどきあった。手先を使うような細かいことも明らかに苦手である。

　長男セイはかなり器用で、小学校低学年くらいから、マンガやイラストをほぼ正確に写し取ったりしていた。セイの器用さに比べると雲泥の差、標準と比べても個人差とは言えないレベルで、オトは不器用である。歌を歌っても、調子っぱずれでメロディになっていないので、何の歌かよくわからない。運動協調障害はほぼ確定である。あとは障害の程度と、学習障害といった他の障害があるかが問題であった。

　１歳ころのオトは、誰にでもというわけではないが、身近な人にはにじり寄っていき、もともと細い目をさらに細めながら、満面の笑みで、よだれをダラダラ垂らしつつ、両手を差し出して抱っこをせがんだ（しかし、かなり重いので抱き上げてもらえないことも多かった）。あやされたときの反応の良さ、抱っこをせがむ様子、抱っこをされたときの体の預け具合や喜び方などから、社会性やコミュニケーションの問題は感じられず、オトに自閉症を疑うことはなかった。一方で、将来、限局性学習障害（ＬＤ）が表面化する可能性は高いのではないかと父は疑っていた。

結論から言うと、特に問題はなかった。小学校中学年くらいからは、運動面の問題についてもそれほど目立たなくなった。もちろん、オトは高校生になっても運動は苦手で、体育の授業が大嫌いである。小学生の頃に何度練習してもできなかった逆上がりは、中学２年生の時点でもできなかった。それにもかかわらず、中学のクラブ活動では卓球部に入った。入部当初は、ラケットが球になかなか当たらなかったそうだ。

勉強については、小学校に入った当初から特に問題はなく、中学年以降は「勉強ができる」状態を維持している。強いて言えば、字が汚いが、これは運動面の問題（不器用）のためだろう。道徳の時間にエキセントリックな主張をしたり、学活で学校批判をしたりと、「頭はいいけど、空気を読まない中二病」と周囲には思われている。とは言え、友人トラブルなどは聞かない。これは、オトが「話の通じない人は相手にしない」というスタンスだからかもしれない。そう考えると、最も身近にいる、かなり話の通じない自閉症の弟ヨウと仲良くやっているのは、不思議と言えば不思議である。

幼児の頃はずっしり、むっちり重そうな見た目のオトであったが、小学校高学年頃から急速に背が伸びて、中3のころには父を追い越し、家族で一番高身長で、スマートになった。今でも、ときどき動きがギクシャクしているように見えることもあるのはご愛敬である。

3．かわいすぎる赤ちゃん

キレイな顔立ち

どこの家でもそうかもしれないが、我が家でも、長男セイの赤ちゃんの頃の写真は大量にある。次男オトの写真はかなり減り、三男ヨウの赤ちゃんの頃の写真は本当に少ししかない。ところで、ヨウは生まれてから数ヶ月の間、でべそだった。赤ちゃんの頃の裸ん坊の写真を撮っておけば、「赤ちゃんのころは、でべそだった」といじれたのに残念なことをした。「いじれたのに」というのは、大きくなってからのヨウは、身長は低いものの、整った容姿をしているからである。

自閉症の子は、キレイで整った顔立ちの子が多いと言われる。ヨウもキレイな整った顔立ちをしている。赤ちゃんの頃からそうだった。中学生になった今も、周りの人から「かわいらしい」とか「ハンサムだね」と言われる。ヨウは小学校高学年あたりから、「かわいい」と言われるとムッとしたり、抵抗したりするようになった。本人は「かっこいい」と言われたいらしい。しかし、同級生に比べると背も小さく、いろいろな面で幼く見えるので、「かわいい」としか言いようがない。

ヨウはすごくかわいい赤ちゃんだったので、スーパーマーケットなどで声をかけられることも多かった。母が野菜売り場でベビーカーを押していると、上品な年配女性に「まあ、瞳の大きな赤ちゃんねえ」と声をかけられる。ヨウを抱いてベンチに座っていると、小学校低学年ぐらいの女の子がやってきて、「赤ちゃん見てもいいですか？」と言われる。ちなみに、次男オトのときも声をかけられたが、そのときは「あら、大きいのねえ。何ヶ月？」とか「何キロ？」とかだった。

もちろん、人の顔はそれぞれ違っている。しかし、一般的に小さい頃ほど個人差は小さく、成長とともに違いが出てくる。赤ちゃんは赤ちゃんっぽい顔立ちをしている。目、鼻、口といった顔のパーツが顔の下側に寄っているとか、目が顔の中で相対的に大きいとか。こうした特徴が、赤ちゃんを見た人にかわいいという感情を呼び起こす。

成長する中で、遺伝的な個人差が顔立ちに、よりはっきりと出てくる。また、毎日の生活の違いが影響してくる。食生活や健康状態によって、太ったり痩せたりするし、日焼けしたりもする。食べるものや虫歯なんかによって、あごの形が変わったりする。いろいろな表情をすることで、顔の筋肉の付き方やシワなんかも変わってくる。そうしたことが積み重なって、ひとりひとり全然違う顔になっていく。なので、赤ちゃんのときの写真と大きくなってからの写真を見比べると、「面影はあるが、違ってもいる」というのが普通だ。

他方で、自閉症の子の顔立ちは、一言でいうと、赤ちゃんのときのキレイな顔立ちのままで、変化が少ない。長男セイとヨウはすごく似た顔立ちで、赤ちゃんのときの写真だと見分けるのが難しいくらいである。でも、小学校以降のセイとヨウの写真は、似てはいるものの、見間違えることはない。セイは小学生男子のアホっぽい感じがにじみ出ていたりだとか、思春期に入った生意気な感じが漂っていたりとかで、もともとの素体の良さが崩れてきている。それに比べて、ヨウはずーっとキレイなままである。

年齢順にヨウの写真を並べると、赤ちゃんから幼児になり、小学生にと、大きくなっていく。アニメの初回に1分間くらいでまとめられている、主人公のこれまでの成長過程みたいな感じである。もちろん変化はしている。でも、自閉症ではない長男セイや次男オトの変化、というか「何でそうなった⁉」というような崩れ具合に比べると、変化は少ない。変化自体も、ある種の人工的な感じすらする変化なのである。

平均顔と美男・美女

複数の人の顔写真を合成していくと、合成した枚数が増えるほど、中性的でキレイな顔立ちになる。こうした合成写真を平均顔と呼ぶ。平均顔は左右対称で、つるんとした顔立ちをしている。平均顔には、鼻がすごく大きいとか、あごがしゃくれているとか、目が離れているといった特徴がない。そもそも目立つ特徴（歪み）が少ないことが、キレイな顔立ち、つまり美男・美女の特徴とも言える。なので、「○○○48」といったアイドルの顔の多くは、かわいらしいが覚えにくい。もちろん、芸能界で目を引くレベルの美男・美女になると、平均的な顔立ちに加えて、その人独自の特徴を持つことが必要になってくる。そうでないと、10人並みのハンサムや美人に過ぎない。

私たちが美人（美男・美女）と感じるためには、まず、歪みやバランスの悪さがないことが必要であるらしい。複数の人の顔を合成した平均顔は、個人の歪みやアンバランスが打ち消し合っているので、中性的でキレイな顔立ちに見える。しかし、そこには個性はない。いろいろな個人の特徴が削り取られた末の、人間という種族のサンプルみたいなものである。

店頭のショーケースの食品サンプルと一緒で、キレイだけれど、本物ではない。

平均顔からの逸脱（の大きさ）は、病気などの健康上の問題を示す可能性がある。そのため、平均顔に近いほど、美男・美女と認識される。とは言え、ひとりひとりの顔は違っている。言い換えると、平均顔からの逸脱が、ひとりひとりの（顔の）違いをもたらしている。この顔の違いは、成長とともに大きくなっていく。成長と共に、顔のような外面だけでなく、さまざまな知識、能力、さらには自我といったものも、ひとりひとり異なっていく。内面の違い（個人差）は、顔のような外面の違いにも影響していく。これは別に精神論的な意味ではなく、外で体を動かすのが好きな人は、そうでない人に比べて日焼けするといった違いが積み重なった結果として、である。

自閉症の子のキレイな顔立ちは、こうした発達に伴う内面の違い、もしくは、その子独自の自我（個性）の表れにくさを示しているとも言える。自閉症の子の場合、自閉症の症状から表れる特徴的な行動はある。それは自閉症という障害をもつグループが多かれ少なかれもっている特徴であって、その子独自の特徴ではない。自閉症の特徴が強烈なために、その子独自の個性が表れにくいとも言える。その結果として、もともとの顔立ちに、その子独自の個性が表れたり、影響したりせずに、キレイな顔立ちのまま成長するのかもしれない。

自閉症児の視線

自閉症の症状として取り上げられることが多いのが、社会性である。中でも視線が合う、合わないという話をよく聞く。自閉症の子の視線については、「自分を通り抜けて後ろの壁を見ているような」とか「こちらから合わせようとすると、ふと逸《そ》れる」といった様子もよく聞かれる。実際は、自閉症の子の視線の合わなさは、人によって違う。また、一人の自閉症の子の中でも成長過程によって様変わりしていく。そのため、現在では、視線が合う、合わないよりも、どのようなアイコンタクトなのかが重要と捉えられている。

ヨウの視線について、母はほとんど気にならなかった。生後３ヶ月頃に出てくる「３ヶ月微笑」も見られ、よく笑っていた。３ヶ月微笑とは、生後３ヶ月前後に、赤ちゃんが誰に対してでも笑顔を見せるようになる現象で、社会的微笑とも言う。この時期には、人の顔以外にも、お面、絵、写真、さらに目・鼻・口・顔の輪郭なんかがある「顔状のもの」に対しても笑ったりする。社会的微笑とは言うものの、顔状の刺激に対する生理的な反応の面も強い。

ヨウは、生後３ヶ月ころには人の顔を見つめたし、その後の成長過程でも視線をそらすことはなかった。生まれてしばらくはヨウの写真が少なかったので、この頃、母はヨウの姿を撮影しようと頑張っていた。しかし、カメラで母の顔が隠れると、ヨウはスンと真顔になり、うまく撮れない。母の顔を見せつつ、カメラに笑顔のヨウを撮ろうと頑張った。母は「お母さんの顔が見えないと笑顔が出ないんだなあ」と思っていたが、長男セイや次男オトのときにそうした思いをした覚えはなかった。ヨウは母の顔を見て笑っていたのではなく、顔状の刺激に反応していただけなのかもしれない。そうだとしたら、写真を撮るときのヨウの反応は、自閉症の兆候の一つだったのかもしれない。

母はヨウと視線が合わないと感じたことはなかったが、保育園の一部の先生は違ったようである。ヨウは生後6ヶ月過ぎから保育園に預けられた。最初のうちはわけが分からずに預けられていたようで、母と別れる時も泣くことはなかった。しかし、生後8ヶ月ごろになると、母と別れるときによく泣くようになった。

ちなみに、人見知りは生後6ヶ月前後から起こる。そのため、人見知りが起こる前だと、お母さんと別れるのが悲しくてギャン泣きする、といったことは起こらない。ヨウについて先生からは「早くから預けられていても、人見知りって起こるんですね。勉強になります」と言われたりもした。母は、社会性も普通に発達しているのではないかと思っていた。

ヨウは、母や一部の先生にはよく懐き、愛着関係が形成される一方で、慣れない先生にはあまり愛想をふりまかない子だった。母がお迎えに行った際に、ある保育士さんに「なーんか、私だと視線が合わないのよねえ。園長先生だとニコニコなのに」と言われたことがある。ヨウは、割と誰にでも愛想の良かった兄たちとは違っていた。後にヨウのこだわりなどが顕著になって自閉症を疑い始めたころ、母は時々、この先生のことばを思い出した。

４．健診と療育教室

１歳半健診

ヨウは１歳半健診で何も指摘されなかった。日本の法律では、乳幼児に対して、１歳半と３歳時に健診を行うことが決められている。[4]乳幼児健診は市町村が行うので、住んでいる市町村の保健センターや指定された病院で受ける。健診では、身体の成長、栄養状態、疾病や異常、運動機能の障害、精神発達や言語障害、予防接種の実施状況などが確認される。

特に１歳半健診の目的は、先天性疾患や発達の遅れの発見である。身体的な（先天性）疾患があれば、発見され、治療に繋がっていくことが多い。発達については、明白な（発達の）遅れがなく、ことばがいくつか出ていると「遅れなし」とされることが多い。最初のことば（初語）が出始めるのは１歳頃で、約半数の子どもは１歳３ヶ月時点で少なくとも３語程度の単語を話す。単語というのは、もちろん「ママ」「ブーブー」などである。

１歳半を超えた時点でまったくことばが出ていないと、発達の遅れや聴覚の異常などの問題を疑うことになる。そのため、健診では、ことばが出ているかどうかが重要なチェック項目となる。健診では、初めての場所や状況に緊張した赤ちゃんがことばを発しないことや、寝てしまっていることもある。そのため、養育者（多くの場合、母親）への聞き取りでチェックされることも多い。

その結果、ことばが少しでも出ていると、自閉症やＡＤ／ＨＤといった発達障害は見落とされる可能性がある。そもそも発達障害は、ある程度成長して、保育園や幼稚園で他の子と関わったり、ルールに従うことを求められたりする中で明らかになることが多い。ヨウは、数は少ないものの、いくつかの単語は出ていたので、発達的な指標は正常の範囲内だった。そのため、１歳半健診では特に引っかからず、母からも特に相談することもなかった。

ことばの出ていない子のその後

１歳半時点でことばが出ているかどうかを問題にすることは間違ってはいない。１歳半時点でことばが出ていない子どもの半数弱は、将来的に何らかの発達上の問題を生じる。[5]このうち、多くの子は、３歳から小学校に入るまでにはしゃべり始める。ただし、次第に自閉症、ＡＤ／ＨＤ、学習障害などの障害（に伴う症状）を示すようになる子も多い。その後もことばをほとんどしゃべらないといった重度の知的障害を示すのは数％である。なお、１歳半時点でことばが出ていない子どもの半数強は3歳までに話し始めるし、特に問題も起こらない。つまり、本当に「ことばが遅かっただけ」（擬陽性）の子たちである。

１歳半時点でことばが出ていないことが、障害の存在のサインと言えるかというと、半分強が擬陽性なので微妙ではある。もちろん、擬陽性は放っておいて良い。ただし、「ことばが遅いだけ」か「障害に伴うことばの遅れ」かは、１歳半の時点では判別できない。もし「障害に伴うことばの遅れ」だった場合、早くから療育を始めとした手を打つことによって、将来起こりうる問題を軽減できる可能性はある。

もちろん、発達障害に詳しい専門家が子どもの様子を時間をかけて観察し、精密な発達検査を行えば、もう少し正確に「ことばが遅いだけ」か「障害に伴うことばの遅れ」かを見分けることはできる。とは言え、そこでわかるのは、ことばは出ていないが、その他の遅れや問題は見つからないのか、ことばの遅れとともに、認知面の遅れや注意の問題があるのかといったことである。そして、後者ならば、「障害に伴うことばの遅れ」の可能性が（かなり）高まる。あくまで可能性が高まるだけで確定はできないし、1歳半くらいの年齢では、多くの場合、どのような障害なのかといったことは、まだわからないだろう。

医師や保健師と発達障害

1歳半健診では保健師による身長・体重の測定や、医師や歯科医の診察がある。医師は小児科医だし、保健師も子どもの健康に関するプロである。ただし、彼らの専門は、あくまで医学や看護学であり、身体的な健康（もしくは病気や異常）に関するものが中心である。大人の声かけにほとんど反応しなければ、その子どもには、障害が身体的な症状として表れていると言える。こうした場合や身体的な病気や異常（例えば、耳が聞こえていないなど）には、おそらくほぼ全ての小児科医や保健師が気づくだろう。しかし、1歳半の段階では、発達障害は明白な症状として表れていない場合がほとんどである（ただし、その兆候としてことばの遅れがある）。もちろん、小児科医や保健師の中には、発達に詳しい人もいる。しかし、すべての小児科医や保健師がそうではない。彼らはあくまで、身体的な疾患や健康の専門家である。

現代、健康であることの定義は、単に生物学的に正常であることだけではなくなってきている。健康であるためには、生物学的にバランスの取れた状態に加え、心理的に安定しており、社会的に他者とのつながりや居場所のある状態が必要である。発達障害とは、基本的に、そうした生物・心理・社会的なさまざまな側面で難しさを抱える状態である。

医療の領域でも、生物・心理・社会的な複数の観点から考えることは、一般的にはなってきている。しかし、医療は、まずは、身体的な健康に関する領域である。身体的な（生物〈学〉的な）原因がよくわかっていない発達障害に関して、医師や保健師の専門性において扱いが難しいのはやむを得ない。その結果、１歳半健診でことばが出ていれば（そして、その他の明白な遅れや異常がなければ）、スルーされるということが起こる。

専門職の不足

１歳半健診の場には、多くの場合、発達や障害の専門職はいない。「いない」というのは、１歳半健診の場に、発達や障害の専門職がいないという意味と、そもそもそうした専門職は（ほとんど）いないという二重の意味である。多くの市町村で、発達や障害についての専門的な知識や技術を持つ専門職が、常勤のポストで雇われていることはほとんどない。こうしたポストのほとんどが非常勤、要するにアルバイトである。もっというと、発達や障害だけでなく、心理職の場合、その多くが非常勤（アルバイト）である。心理職のメジャーなポストであるスクールカウンセラーも非常勤であることが多い。専門職とか、心理職というとかっこいいが、実態はフリーターと言ってもいいかもしれない。

1歳半健診を実施しているのは市町村である。そして市町村の保健センターや保健課には、発達や障害の専門職や心理職の正規のポストがないことも多い。その上、1歳半健診において、発達や障害の専門職や心理職を置かなければならない法的な根拠や基準はない。1歳半健診に発達や障害の専門職、もしくは心理職を（アルバイトで）雇うかどうかも市町村の（保健センターの）判断になる。

市町村が専門職を雇用しようとしても、そもそも人材がいないこともある。人口の多い都市部では、ある程度の数の心理職がいる。しかし、人口の少ない地方では、そもそも現場が少ない。仕事が少ないので、専門職もいない。1歳半健診のときにアルバイトを雇おうとしても、都合良く発達や障害の専門職や心理職がいるわけではない。

都市部では、大学院の博士課程に在籍する院生やオーバードクター（博士課程を修了したものの、大学の研究ポストが得られずに大学院に居残っている人）なんかが、スクールカウンセラーを始めとして、発達、障害、心理関係の仕事（アルバイト）をしていることも多い。

他方、地方にはそうした人材がいないことが多い。例えば、ヨウは１歳半健診を当時暮らしていた静岡市で受けたが、静岡市やその周辺には博士課程のある大学（院）がなく、博士課程の大学院生やオーバードクターがいなかった。そのため、静岡市とその周辺の発達や障害の現場で、専門職（心理職）として活動していたのは、多くが東京や名古屋といった大都市圏の大学院を出て、夫の転勤なんかの都合で静岡に来た女性であった。もちろん、その数は多くはない。そのため、１歳半健診で、発達や障害についての専門的な知識や技術を持つ人を置こうにも、そもそも、そうした人が（地域に）いないという状況だった。

発達障害について相談できる機関や人が見つからない、というのは地方に共通する悩みである。一方、都市部は地方に比べて、そうした窓口は多いものの、人口も多いので常に混み合っており、順番待ち、という悩みがある。

専門職が「いない」、もしくは、「足りない」と、仮に障害の可能性に気づいても、その後の療育の場を用意することが難しくなる。実際には、専門職不足は本当の問題ではないかもしれない。療育は固定した人員配置が必要となるため、人件費の問題から自治体としてはやりたくない（できない）、というのが本当のところなのかもしれない。

いずれにせよ、療育の場は全く足りていない。１歳半健診で問題を指摘しても、その後の療育の場がないため、ことばが多少出ていれば、気になることが見つかったり、親が気がかりを訴えたりしても、「様子を見ましょう（経過観察）」となることも多い。かつては、この「様子を見ましょう」は、半年後に再検査といった具体的なものではなく、「もっと問題が大きくなったら、病院かどこかへ行ってね」という程度であることも多かった。最近は少し改善されて、半年後に再検査をするといったことが多いようである。

しかし、今でも「様子を見ましょう＝とりあえず放置」という状況が続いている自治体もないとは言えない。また、希望すれば療育教室は紹介してもらえるかもしれないが、入れるかどうかは、療育教室の空き具合による。

１歳半健診で相談していたら……

ヨウが自閉症だとはっきりした後に、母は「もし１歳半健診のときに『ヨウの言葉について気になっている』と伝えたらどうだっただろうか」と考えることがあった。

１歳半健診は、地域によってやり方がさまざまに異なるが、３歳児健診に比べて子どもも幼いため、簡易的にでも一通りの発達検査をするのは難しい。発達検査といっても積み木を持たせたり、はめ板をはめたり、その場で何らかの意味のあることば（単語）を発しているかを確認したりするだけなのだが、こうしたことをすべての子どもに行うのは難しい。お昼寝時で眠たい子も多く、また慣れない場所で緊張して反応が悪いこともある。なので、3歳児健診と比べても、養育者からの聞き取りによる確認が多い。

ヨウは健診に行く前、保育園では「たくさん車の名前も言えるし、ばっちりですね」などと言われていた。しかし、母からすると気になる点もあった。長男セイも1～2歳頃には働く車にはまり、たくさんの車種を知っていた。しかし、ヨウのことばは、働く車の名前に限っても、セイに比べるとやや少なかった。また、ヨウは車の名前は言えるけれど、「おじいちゃん」や「おばあちゃん」といった人の名前（呼称）は増えていかなかった。しかし、母自身も健診に携わっていたこともあり、指さしもして、積み木も持つことができて、はめ板もできるヨウについて、「わざわざ言って、どうするのかなあ」という気持ちがあった。

ヨウが通っていた保育園は、発達障害や特別支援について勉強熱心で、自閉症の支援で有効とされる視覚支援や構造化などの工夫をしてくれているところだった。しかし、保育園で、ヨウの発達について指摘されたことはなかった。母に知識があるがゆえに、素直に伝えられなかったところもある。伝えておけば、今住んでいる地域に引っ越す際、申し送りをしてもらえたのだろうか、といったことを、母は後から考えたりもした。

1　後から振り返れば、不登校になった当初は、軽いうつ状態だったのかもしれない。しかし、不登校になって数ヶ月後に病院を受診した頃には、特にはっきりした症状はなく、結局原因はわからなかった。

2　データは文部科学省「令和３年度 児童生徒の問題行動・不登校等生徒指導上の諸課題に関する調査結果」（令和４年10月27日発表）による。

3　『ＮＡＲＵＴＯ－ナルト－』は集英社から出版されている岸本斉史の忍者漫画。主人公・うずまきナルトの、両手を後ろに伸ばし上体をやや前傾させる走り方（通称・ナルト走り）が子どもの間で流行した。

4　他にも自治体によっては、独自に３、４ヶ月健診などの乳幼児健診を実施していることがある。

5　西村辯作（編）　２００１『〈入門コース・ことばの発達と障害〉②ことばの障害入門』大修館書店 Pp. 3–30.

第2章

イギリスの保育園：

自閉症の兆候

1．食が細い

これまで語ってきたように、我が家の三男ヨウは、自閉症である。そして、父と母はともに発達の専門家であるが、ヨウが２歳半になるまでは、そのことに気づかなかった。しかし、あとから考えれば、自閉症の兆候と思われる特徴はあった。本章ではヨウの自閉症が判明するまでの経緯を振り返る。

小さい三男

生まれたときの身長と体重は、ヨウが兄弟の中で一番大きかった。しかし、その後の成長はゆっくりで、１歳になる頃には、平均身長・体重をだいぶ下回るようになってきた。２歳頃からはギリギリ正常の範囲内という状態が続き、中学３年生（14歳半）の時点で、身長１４５cm、体重35kg強である。周囲には「小さくてかわいい」と思われているが、本人に言うと「かわいいって言うな（怒）」とお冠《かんむり》である。

ヨウは赤ちゃんのときから、兄二人に比べて食が細かった。母は、少しでも食べるようにと、ヨウの好きなものをメニューに入れるようにしていた。今にして思えば、自閉症の子によくある、偏食の軽いものだったのかもしれない。

自閉症児の偏食

偏食のある自閉症の子どもは多い。極端な場合だと、焼きそばしか食べないとか、白いご飯にふりかけをかけたものしか食べない、といったケースすらある。好き嫌いと混同されることがあるが、自閉症の偏食は単なるわがままとは異なる。かなり多くの自閉症の人が感覚過敏を抱えている。そのため、食べたものを他の人とは異なる味に感じたり、通常はサクサク感じられる揚げ物の衣の食感がチクチクした痛みとして感じたりといった例もある。

普通は、ピーマンの嫌いな子も、親に怒られれば食べる。言われれば、嫌々ながらも食べるとか、お腹がすいていれば食べる、というのは好き嫌いである。一方、いくらお腹がすいていても、包装紙を食べようとは思わないし、押しピンは食べられない。障害による偏食は、食べないのではなく、食べられないのである。

また、自閉症の子ども（大人も）にはこだわりがある。こだわりのために、それまでに食べたことのあるもの以外は食べられない、といったことが生じる。「こだわり」というと、「朝食はパンとコーヒーに決めている」とか「カレーライスには福神漬け」みたいなことを思い浮かべるかもしれない。こうした「普通」のこだわりは、それが破られたからといって、一切その行動ができなくなるわけではない。旅先のホテルではパンとコーヒー以外の朝食も食べるし、福神漬けがなくても（文句は言うかもしれないが）カレーは食べる。他方、自閉症の「こだわり」の場合、朝食にはパンとコーヒー以外は絶対に食べない。福神漬けがなければ、絶対にカレーを食べない。

こだわりは自閉症の中心的な症状である。そのため、こだわりがあることが「多い」のではなく、必ず「ある」。そして、こだわりが強い場合、そのこだわり通りでなければ行動できないという「症状」が表れる。食べ物に対して自閉症のこだわりが生じると、特定のものは食べられない、極端な場合には、特定のものしか食べられない、という形で表れる。

ヨウの場合、１、２歳のころには食の細さに気を取られて、母も父も偏食の可能性は考えなかった。ヨウは、初めて出されたものに手を出さないことは多かったものの、いくつかの食材やメニューしか食べない、ということはなかった。そのため、母も父も単なる食わず嫌いだと思っていた。

また、父や母は、ヨウの好き嫌いの激しさを、末っ子で甘やかされているためだと考えていた。例えば、ヨウは２歳ごろにはチョコレートが大好きになり、その後もチョコ好きは加速していった。朝食はチョコの入ったパンしか食べなくなり、おやつはチョコレートというふうになっていたが、末っ子のわがままということで許されていた。ヨウの場合、自閉症の症状としての偏食やこだわりの部分と、単なる好き嫌いの部分が交ざっていたのだろう。

中学生になった今でも、ヨウは初めてのメニューはなかなか食べない。このあたりは自閉症のこだわりだろう。野菜もサラダのような生のものやおひたしなどは残すことが多い。しかし、シチューや麺類、丼物に入っている野菜は全く問題なく食べる。また、学校の給食で出たときには全て食べている。ヨウの場合、こだわりがそれほど強くない（弱くなるように、親が取り組んできた）ということもあるが、野菜については単なる好き嫌いだろう。いずれにせよ、ヨウの食の細さは、自閉症の症状である偏食やこだわりによるものだったのかもしれない。けれども、１、２歳の時点では、それを見抜くことはできなかった。

2. イギリス生活

イギリスへの引っ越し

研究者は、10年に１度くらい、サバティカル（半年から1年程度、授業や会議などの大学の仕事を免除され、研究に専念できる期間）を与えられる。その際、多くの研究者は、在籍する大学以外の国内外の大学で研究を行う。この制度を使って、父がイギリスのランカスター大学へ１年間行くことになり、家族もいっしょにイギリスで暮らすことになった。日本を出発するとき、ヨウは2歳半であった。

　父が行く大学があるランカスターは、イングランド北西部、マンチェスターの北、湖水地方の南に位置する伝統的地方都市である。人口５万人弱（街の周辺も合わせると13万人程度）の小さな街で、歴史的な建物も多い。一方で、ランカスター大学を始め、大学がいくつかあるため、若い学生や留学生も多い学園都市でもある。駅のすぐ北東には、17世紀前後に多くの魔女裁判が行われ、特に１６１２年には10人が処刑されたペンドル魔女裁判で有名なランカスター城がある。なお、中世の魔女狩りでは、障害のある人が「魔女」と名指しされることも多かったそうである。

　もちろん、現在のイギリスでは、英語がしゃべれないからといって魔女裁判にかけられるようなことはない。外国人、特に有色人種への差別はあるようだが、幸い、ランカスターは大学の街で、多くの留学生もいるため、あからさまな差別はなかった（単に英語がよく聞き取れなかったためかもしれないけれども）。

ランカスターの広い家

一家５人でランカスターに着いてから約２週間、ホテル暮らしをしながら住む家を探した。不動産業者には、街中のテラスドハウスと郊外の村にあるデタッチドハウスを紹介された。テラスドハウスとは、何軒もの家が横に繋がった長屋形式の家である。長屋形式といっても２階もしくは３階建てで、多くは３ＬＤＫ以上、そして庭（バックヤード）もついている。街中ではこの形式の家屋が一般的である。日本で言うところのマンションはフラットと呼ばれ、割と新しい建物が多く、家賃が高い。なお、イギリスでは、第二次世界大戦後に建てられた物件は「新しい建物」ということになるらしい。他方のデタッチドハウスは、いわゆる一軒家のことで、郊外の「村」に行くとこちらが一般的になる。ただし、日本の庶民感覚では、豪邸と言ってもいいものが多い。

紹介された物件のうち、街中のテラスドハウスは３ＬＤＫ（３ベッドルーム）で、スーパーマーケットなんかのある街の中心まで徒歩10分、第一次世界大戦前後に労働者向けに建てられたという物件だった。内装は若干傷んでおり、壁紙なんかも剥がれかけているところもあった。イギリス人はＤＩＹで家を修理する人も多いので、こういうことはよくある。

郊外の村のデタッチドハウスは、林の中の一軒家で、かなり広いリビングやキッチンの他に5部屋程度あった。内装はリフォームされており、家を取り囲むちょっと大きめの児童公園くらいの林全体が敷地という物件だった。家賃はテラスドハウスが日本円で月8万円程度、デタッチドハウスが月12万〜13万円程度だった（当時はかなりの円高ポンド安だった）。

イギリスの村での生活は魅力的だった。しかし、買い物は週1〜2回やってくる巡回商店（行商？）か、車で市内に買い出しにいかなければならない。そして、子どもたちの学校は、村の学校に空きがなければ、街中の学校に毎日車で送り迎えとなってしまう。英語が不自由な外国人としては生活に不安が残ることもあり、街中のテラスドハウスを借りることにした。本当のところは、家賃の差も大きかったのだが。

すぐに入れる小学校

次に、長男セイ（当時9歳）の小学校を探すため、市の教育委員会（のようなところ）に出かけた。イギリスの場合、（地域やそのときの制度にもよるが）教育委員会で空きのある小学校を教えてもらい、直接、小学校に入れてもらえるか交渉に行く。イギリスの小学校は1クラス30人の定員となっており、それを超えて生徒を受け入れたり、クラスを増やしたりすることはない。通える範囲内にはいくつか小学校があったが、最初に考えていた学校はいっぱいで入れなかった。そこで、空きがあると聞いた、（借りた）家から近い、ウィローレーン・コミュニティ・プライマリー・スクール[1]を訪ねることにした。

学校を訪ねると、校長先生が対応してくれた。そして、その場で「明日から来ますか？」と尋ねられたが、セイの心の準備ができていなかったので、翌週の月曜日から通うことにした。面倒な書類なんかもほとんどなく、その場で校長先生と少し話をした後、制服を購入して終わった。制服といっても、学校の校章が胸ポケットにプリントされたポロシャツや紺のセーターで、値段もそれほど高くない。

ちなみに、ランカスターの街中では、ほとんど日本と同じような制服姿の高校生を見かけた。もちろん、詰襟とかではなくてブレザーだが、男の子は日本の高校生に比べて、シュッとしてかっこよく見えた。女の子は大半が、スカートを折り込んで短くしているあたりも日本の女子高生と同じである。顔立ち以外は、ほとんど日本と違わない。

セイが転入した学校は、労働者階級が多く住む一角にあり、事前に調べた評判はそれほど良くはなかった。ただ、転入してみると、数年前に校長先生が代わり、学校の改革を行ってきたらしく、ちょうど、その成果が表れてきた頃合いだった。セイが過ごしたころは、学力的にはそれほど高い学校というわけではなかったようだが、校内暴力とか学級崩壊みたいな話は全く聞かず、学校全体に活気があった。

無償預りの保育園

セイの小学校が決まってしばらくすると、オトが「お友達と遊びたい。保育園に行きたい」と言い出した。調べてみると、イギリスの保育園や幼稚園は、空きがあれば両親が共働きでなくても入れることがわかった。しかも、3歳以上の子どもは、1日4時間分は無償（国から補助金が出る）となっている。この制度は外国人にも適用され、オトも午前の分の保育料はタダになった。そこで、オトだけ幼稚園に入れ、ヨウは3歳まで家庭でと考えた。

最初、セイの小学校のすぐ隣にあるアップル・ナーサリー・スクールという幼稚園を考えた。ここは、日本でいうところの幼稚園にあたるらしく、3歳児と4歳児が対象で、基本的に午前9時から午後1時くらいまでの保育である。5歳児クラスがないのは、イギリスでは（地域による違いがあるが）、5歳児はプレスクールという小学校の準備クラスに（0年生みたいな感じで）入学するからである。

しかし、この幼稚園は、早期教育というほどではないようだが、読み書きなどの指導も行っていて、教育熱心な家庭にかなり人気があり、全く空きがなかったので早々に断念した。次に、セイの小学校とは方向が違ってしまうが、家からそう遠くないところに、ウェストボーン・ハウス・デイ・ナーサリーという保育園があるのを見つけた。保育園や幼稚園は直接園を訪問して、見学してから、（空きがあれば）入園の手続きをすることになる。

　ウェストボーン・ハウス・デイ・ナーサリーは、２歳以上の幼児の保育をしている平屋の建物と、２歳未満の乳幼児の保育室と事務室のあるビクトリア様式の建物（19世紀の建物）で保育を行っていた。ビクトリア様式の建物は、廊下が狭かったり、階段が急だったりと、保育園として使うのに向いているようには思えない建物であったが、幼児の保育をしている建物は、平屋のすっきりした（イギリスでは）新しめの建物だった。クラスごとに異なる出入口から保育室に入るようになっており（ただし、建物の中ではつながっている）、園庭もクラスごとに別々にある。

　他に当てがあるわけでもなかったので、オトはこの保育園に入園することにした。そして、この保育園には２歳児クラスもあったので、ヨウも一緒に入園した。ヨウは２歳児クラス、オトは３歳児クラスだが、入り交じって保育されていることも多かった。

　オトはしばらくの間、楽しそうに保育園に通っていた。お迎えに行ったときに見る限り、いつも他の子に交じって遊んでおり、一人でぽつんとしているといったこともなかったので、なじんでいたと思う。渡英後３ヶ月ほどたった夏前には、「みんな日本語をしゃべらない。日本語をしゃべるところに帰りたい」と文句を垂《た》れるようになったが、秋も過ぎた頃には、同じクラスの女の子とおもちゃの取り合いになって、英語でケンカをしていた。

ただ、オトの中では日本語と英語は別物らしく、英語でしゃべる相手とは英語でしゃべり、日本語でしゃべる相手（家族）とは日本語でしゃべっていた。日本語を英語に言い直したり、その逆もまったくできなかった。そして、日本に帰国すると、すぐにオトの中から英語はきれいさっぱり消えてしまった。

セイも、イギリス滞在の後半には、だいぶ英語がわかるようになってきていた。しかし、結局ほとんど英語をしゃべることはなく、ほぼ身振り手振りや叫び声で乗り切ったようである。周りのイギリス人の子も（男の子は）叫んでいるところを見ることが多かった。小４男子なんてそんなものである。ただ、セイは大学生になった今でも、英語（だけ）は得意である。リスニングはかなり聞き取れているし、英語の長文も何となく読めてしまう。しかし、テストではそれ程良い点が取れるわけではない。文法をきちんと勉強していないので、日本でのテストの「英語の問題」になるとわからないようである。

ウプシーデイジー！

日本では、同じ年齢の子たちに交じると、割と大きな体格だった次男オトだが、イギリスでは標準体型だった。見ようによっては華奢《きやしや》な感じすらする。オトの人生で初めてのことである。いずれにせよ、体格的には完全に溶け込んでいる。ことばも渡英半年を過ぎた秋頃には、かなり意思疎通できるようになった。なので、保育園の先生たちも、オトをほとんど他の子と同じように扱っていた。

ヨウのほうは、日本でも小さかったが、イギリスではますます小さい。ことばもほとんどしゃべらないために赤ちゃんっぽく見えるのか、だいたいいつも先生に抱っこされていた。ヨウも担当の先生にはすぐに懐き、大人しく抱かれていた。

ところで、イギリス人は子どもがものを落としたり、転びそうになったりすると、「オー、ディアー！（Oh, dear!）」とか「ウプシーデイジー！（Oopsie-daisy!）」といった表現をよくする。どちらも「おやおや」「あらまあ」「おっと」「大丈夫？」といった意味合いである。「オー、ディアー！」のほうは大人同士の会話でも出てくる。「ウプシーデイジー！」のほうは、子どもに対してのみ使うようである。このことばを大人に対して使うときは、「ウップス！（Oops!）」になる。「ウプシーデイジー！」のデイジーはヒナギクのことで、花言葉は無邪気である。いずれにせよ、あまりネガティブな意味はなく、というか、大して意味もなく、ニコニコしながら会話や行為の間にはさまれる。

日本語もそれほど話さないヨウは、イギリスにいる間、結局ほとんど英語を理解することも話すこともなかった。しかし、日本に帰る直前には、「オー、ディアー！」と「ウプシーデイジー！」は連呼するようになった。まあ、あまり意味がわかっていたわけではなかったようだが。

イギリスの保育園（と言っても、オトとヨウを通わせたところしか知らないが）は、思っていた以上に、丁寧に子どもを見てくれた。例えば、子ども一人一人に主担当の先生と副担当の先生がおり、毎日、必ずどちらかの先生が、子どもたちが保育園でどんなことをしていたのかを、連絡ノートに書いてくれる。お迎えのときにも、簡単に口頭で話してくれる。こちらの英語力の問題で、きちんと全部理解できたわけではないが、質問があるときなどは、連絡ノートに書いておけば、返事をしてもらえる。

オトは保育園での出来事や友達のことなどを話したが、（子どもの言うことなので）よくわからないことも多かった。そんなときにも、母が連絡ノートに質問をちょっと書いておけば、詳しく説明してくれた。日本人の足に合う幅広の子ども靴がどこで買えるか、といったことを尋ねたこともある。また、子どもごとにかなり細かく記録がつけられているようだった。ヨウは日本に帰るときに、保育園に入ってから最後の日までの記録をコピーしたものを、写真やヨウの作品なんかを貼り付けて一緒にした何十ページもある「ヨウの保育園での1年」みたいな形にしたファイルをもらった。そのファイルには、月ごとに興味・関心やことばなどについて、観察された事項をチェックするような、かなり細かい記録が挟まれていた。

保育園でヨウはほとんどしゃべらなかったが、担当の先生が手厚く見てくれていたおかげで、それほど困ることはなかったようである。ヨウがしゃべらないのは、「英語ができないから」と思われていたのだろう。ほとんどしゃべれなかったこともあり、ヨウには友達はできなかった。ただ、保育園に朝連れて行ったときに、オトと同じ学年（つまり1歳だけ年上）のお姉さんに「ヨウの面倒は私が見るから」と言われたりすることもあった。

また、近所の公園で（同じ保育園に通っている）他の子の保護者に、声をかけてもらったりすることもあったので、他の子どもたちはヨウのことを認識してくれていたようである。オトも、給食のときに手をつないで、ヨウをテーブルに連れて行ったりと面倒を見ていたようである。日本の保育園でもそうであったが、何かと弟を気遣うので、オトは先生にとても評判が良かった。

ＮＨＳと低体重

イギリスには、日本の健康保険と同じような、ＮＨＳ（National Health Service：国民保健サービス）という制度がある。ＮＨＳにより、医療費はほぼ無料である。外国人もＮＨＳに登録してサービスを受けることができるが、登録しないと、病院にかかった場合に自由診療になってしまい、手続きも費用も大変なことになる。イギリス人は生まれたときにＮＨＳに登録されるが、外国人は、近くの総合診療医（General Practitioner：ＧＰ）をかかりつけ医として選択し、登録する。病気になったら、まず、ＧＰに受診の予約をし、診療を受ける。手術や入院といった、より専門的な処置が必要な場合には、ＧＰが専門医や大きな病院を紹介してくれる。

私たち一家も、長男セイの学校が決まった後くらいに、ＮＨＳの登録のために近所の診療所に行った。登録には、ほとんど問診だけの簡単な健康診断のようなものがあった。その中で、ヨウは低体重を指摘された。何しろ、日本では「大きい」「重い」と言われ続けた次男オトが標準体型の国である。日本でも小さめのヨウは、イギリスでは年齢からみて小さすぎるということで、数ヶ月後に診療所に体重を量りに来るように指示された。そのため、秋頃に再度診療所に体重測定に行ったが、普段の食事を報告し、体重を量って、その増加を確認するだけで、特に何かを言われることもなかった。

２歳の時点でのヨウの低体重・低身長は、その後の発達の遅れを示す予兆だったのかもしれない。しかし、この時点では、父も母もそれを見抜くことはできなかった。

3．自閉症の兆候

気づかなかった兆候

ヨウは、２歳過ぎに、ときおり「チョコ　ホシイ」とか「ヨウノ　トーマス」といったような二語文が出るようになった。しかし、今から思えば、２歳過ぎにはしっかりと会話が成り立っていた長男セイに比べると、ヨウはことばは出ているものの、会話は十分に成り立っていなかった。ただ、次男オトも、ことばが流ちょうになるのは少し遅く、３歳になるまで発音がはっきりしないことが多かった。オトの場合、多量によだれを垂らしていたことからして、口や舌の筋肉のコントロールが悪かったのだろう。ときどき、（発音が悪くて）何を言っているのかわからないことがオトのときにもあったので、ヨウと会話が成り立たないことが、父も母もそれほど気にならなかった。

とは言え、オトはことばで伝わらないときには、繰り返し訴えたり、怒ったり、すねたりとコミュニケーション能力は高かった。それに比べると、ヨウは物静かで、兄たち、特にオトの後をついてまわっているだけで、自分から何かを訴えることはそれほどなかった。

普段は大人しいヨウだが、眠くなってくるとグズグズ泣き出し、1時間以上何をしても泣き止まないということがあった。これは1歳を過ぎた頃から始まり、2歳になっても続いていた。これも自閉症の兆候の一つだったのかもしれない。だが、「眠くなると」という条件があったために、ことばでうまく表現できないから、眠くなってくるとグズグズ泣いたりするんだ、と母は捉えてしまっていた。

一心不乱のトーマス

そんな中で、ヨウに「これは自閉症だ」と気づく兆候が表れてきた。「登園時に、『きかんしゃトーマス』のおもちゃを家の玄関から保育園まで、地面に這いつくばって走らせる」というこだわり行動である。

日本にいる頃から、ヨウはトミカ（ミニカー）を並べたり、手元で転がしたりといった遊びはしていた。イギリスに来てからは、きかんしゃトーマスのおもちゃを転がす遊びをし始めた。このおもちゃは、木製のプラレールみたいな感じで、木製のレールをつないだ上を手で転がして遊ぶ。電池で動くものもあるようだが、大半は人力である。もともと手で押して動かすようにできているし、全ての部品が、ネジや接着剤でくっつけられていて、木製なので壊れにくい。ヨウは、最初は、このトーマスを家の中で端から端まで押して遊んでいた。そのうち、トーマスを保育園に持って行きたがるようになった。日本の保育園だと、おもちゃを持ってくることを禁止していることが多いが、イギリスの保育園は、こういったことには寛容である。たぶん、「おもちゃを持ってきても構わない。でも、なくなっても知りません。各家庭の判断で」という個人主義的な自己責任論に基づいているのだろう。

　ヨウはトーマスを保育園に持って行くだけではなく、登園するときに、歩道でトーマスを走らせながら保育園に行こうとするようになった。地面に這いつくばって転がしていくので、なかなか進まない。抱っこして連れて行こうとすると、ヨウは叫び声をあげて嫌がった。その上、抱き上げられた場所からではなく、家の玄関まで戻ってやり直そうとする。「トーマスのおもちゃを家の玄関から走らせる」というこだわりである。結局、保育園までヨウを下ろさないように抱きかかえて連れて行くことになった。

園に到着すると、ヨウはすっかり切り替わって、いつも通りに遊び始める。なので、母が来るときに大変だったことを伝えても、保育園の先生には上手く伝わらず、先生は「何も問題ないよ」という様子だった。母も、英語では大変さを上手く伝えることができなかった。

こだわりは誰にでもある。くせや習慣といったものも含めると、私たちの生活の大半は同じようなことの繰り返しである。ある行為を同じように、それほど苦労なくできるようになることが、熟達であったり、（仕事なんかでの）成長であったりする。勉強や練習の大半は、そうした熟達に費やされる。

ただ、自閉症のこだわりが、そうでない人のこだわりと異なるのは、自閉症の人の場合、「○○でなければならない」、という点だろう。誰にでもあるこだわりは、細部がちょっとくらい違っても、「仕方がない」「まあ、いいか」で済むことが多い。自閉症のこだわりには「まあ、いいか」が通じない。

「トーマスのおもちゃを家の玄関から走らせる」という行為は、自閉症ではない子どもでもありうるかもしれない。途中で親が焦《じ》れて抱きかかえると、叫び声をあげて続けようとすることもなくはない。が、大概はしばらくするとあきらめる。親の腕の中から逃れた場合も、地面に下りたその場から再開する。途中で邪魔が入ったことは、「仕方がない」で済む。しかし、自閉症の子には「仕方がない」「まあ、いいか」はない。「トーマスのおもちゃを家の玄関から走らせる」ことを決めた。それなのに、途中で抱き上げられたら、「トーマスのおもちゃを家の玄関から走らせる」ことができていない。だから、「最初」、つまり家の玄関からやり直さなければならない。

もちろん打つ手がないわけではない。「トーマスのおもちゃを家の玄関から走らせる」ことにこだわっているから、玄関からやり直しになる。こだわりを分割できれば、少しマシになる。例えば、「トーマスのおもちゃを家の玄関から隣の家の前まで走らせる」「隣の家の前から、一つ目の曲がり角まで走らせる」「一つ目の曲がり角から、次の交差点まで走らせる」というふうに分ける。そうすれば、隣の家を通り過ぎた後に抱き上げられても、やり直すのは、自宅の玄関からではなく、隣の家の前からで済む。ことばがしっかり話せるようになると、こうした分割（分節化）がしやすくなる。

しかし、２歳ころのヨウは、ポツポツことばが出ることはあったものの、ことばでものごとを切り分けられるほどには使えていなかった。なので、「トーマスのおもちゃを家の玄関から保育園まで走らせ」ないと保育園の玄関に入れない、という状態になった。

指さし

「トーマスのおもちゃを家の玄関から保育園まで走らせる」こだわりは、明らかに自閉症のそれである。そうしてヨウの行動を見てみると、他にも疑わしい点がある。ヨウは応答の指さしがはっきりしていない。

　自閉症の子どもは指さしに反応しない、もしくは、自分から指さしをしない、と言われることがある。ただし、まったく指さしをしないわけではない。指さしは、大きく三つに分類できる。一つは、自分の欲しいものを指さす要求の指さしである。もう一つは、自分の見つけたものを指さし、他者に伝えようとする叙述の指さしである。そして、三つ目に、指さしの完成形として、応答の指さしがある。応答の指さしとは、絵本を見ながら「ワンワンはどれ？」と問われると、指でさして答えたり、母親が側にいないときに「お母さんはどこ？」と聞かれて、いる方向を指さしたり、といったものである。自閉症の子は、要求の指さしはできても、叙述の指さしは出にくいとされている。また、叙述の指さしがあっても、応答の指さしへの反応が悪いとされている。

　ヨウの場合、要求の指さしは、はっきりと頻繁に出ていた。言葉数は少なく、よくしゃべるということはなかったが、ことば自体は出ていた。しゃべり始め自体はそれほど遅くはなかったので、叙述の指さしも標準的な発達からそれほど遅れることなく、１歳前後には出ていた。大人の膝に座って絵本を読んでもらうのは、１歳のころから好きで、絵本の中の絵を指さしていた（叙述の指さし）。しかし、２歳半を過ぎても、絵本を読んでもらいながら、父や母に「ブタさんどこ？」と尋ねられたときに、ヨウは絵本の中のブタの絵を指さす応答の指さしはあまり見せなかった。

先ほど述べたように、自閉症の子は（叙述の）指さしが出にくいとは言われるのだが、ことばが出ている子の場合は指さしも出ていることが多い。標準的な発達では、叙述の指さしと最初のことば（初語）はほとんど同時期に出る。そのため、どちらが先か気づかないことも多い。しかし、発達の順序としては、叙述の指さしは、最初のことば（初語）が出る前に出現する。よって、叙述の指さしは、ことばの獲得準備が整ったことのサインの一つである。

自閉症であっても、ことばが出ているということは、その前に当然、叙述の指さしを獲得している。獲得しているが、あまり行わないということはある。ヨウの場合には、ことばは出ていたので、叙述の指さしはあった。しかし、ことばでのやりとりはあまり上手にならなかった。次男オトも、ことばはそれほど早くはなかった。しかし、オトの応答の指さしは上手で、多く、激しかった。

とは言え、2歳を過ぎる頃までは、ヨウが何か言おうとしても、兄たちが先にしゃべってしまうために、なかなか会話に入ってこれないのかな～、くらいに父と母は思っていた。しかし、応答の指さしの悪さと合わせて考えると、ヨウは単にことばが遅いだけではないようである。ことばを含めた他の人とのやりとり（コミュニケーション）の悪さの問題が浮かび上がってきた。

自閉症に気づかなかった理由《わけ》

ヨウの場合、体の成長が遅い、ことばが増えてこない、ことばでのやりとりがあまり続かない、といった発達の遅れがあった。そして、その兆候は、振り返ってみれば、1歳半頃には見られていた。一方で、1歳前後のヨウには、典型的な自閉症の陽性症状（普通の子どもが行わないが、自閉症の場合は行う行動）は見られなかった。1歳前後の自閉症の陽性症状は、視線を避けるとか、抱っこや触られることを嫌がる、また、欲しいものを指さすのではなく、親の手首を持って親の手を欲しいものに近づけるクレーン現象などである。

こうした典型的な自閉症の陽性症状がヨウに見られていれば、もう少し早く気づいたかもしれない。しかし、ヨウは抱っこされると大概は大人しく抱かれていた。抱っこされること自体も好きで、親としても、小さくて軽いので抱きやすかった。視線が合いにくいということもなかった。ことばが出始めたのも遅くはなかった。はっきりとしたクレーン現象も見られなかった。また、ほとんどの場合、ヨウは見たち、特にオトにくっついて遊んでいた。そのため、ヨウ自身の特徴に、父も母もなかなか気づくことができなかった。

もし、日本の保育園に通っていたら、他の子どもたちに比べて、先生のことばへの反応の悪さや、やりとりのできなさが次第に目立ってきたかもしれない。しかし、父と母は、イギリスの保育園でしゃべらないのは、英語がわからないためだと思った。イギリスの保育園の先生たちもそう思っていただろう。

自閉症のスクリーニング

自閉症を早期に発見するための方法（スクリーニング）がいくつかある。1歳半くらいから実施可能なものもある。例えば、M‐CHATと呼ばれるチェックリストでは、保護者が23項目の簡単な質問に答えるだけで、子どもに自閉症のリスクがあるかどうかの簡易判定ができる。ただ、M‐CHATは、割と簡単に自閉症のリスクがあると判定される半面、誤判定（擬陽性）も多い。1歳半頃にM-CHATで自閉症のリスクがあると判定されても、その後の精密検査（もっと詳しい自閉症用の検査）や経過観察の中で、半数以上は特に問題なしとされるようである。

ヨウの場合、M-CHATだと、おそらく2歳半くらいまではひっかからなかったと思う。ひっかかったとしても「もう少し大きくならないと、自閉症かどうかははっきりしない」という状態だっただろう。そのため、「トーマスのおもちゃを家の玄関から保育園まで走らせる」といった、はっきりしたこだわりが出てきて、ようやく父と母は「自閉症」に気づいた。ちなみに最近の研究では、幼少期に自閉症として診断されるのは、平均的には生後38ヶ月頃といわれている。[2] 父と母が、ヨウが自閉症であることを確信したのは、2歳半を過ぎた頃（生後31～33ヶ月）なので、早いとは言えないが、取り立てて遅いということもない。

障害受容

親が自分の子どもに障害があることを知り、受け入れていくまでの過程については、多くの研究がある。中でも、アメリカの小児科医のドローターによる5段階の障害受容[3]――ショック→否認→悲しみと怒り→適応→再起――がよく紹介されている。

まず、子どもに障害があることを知ったときに大きなショックを受ける。そして、「子どもに障害がある」という事実を否認しようとする。否認できないことがわかった後、悲しみと怒りが押し寄せる。そして、時間とともに障害のある子どもとの生活に慣れていき、さまざまな工夫や努力をするようになる。最終的に、障害をポジティブに前向きに捉えられるようになる（悲しみや怒りは繰り返し、その状態が続くという説など、これを否定する説も数多い）。

　ヨウが自閉症であることに気づいた父と母の場合、障害受容の前半の3段階、ショック→否認→悲しみと怒り、はそれほどなかった。一般的には、他の人、例えば、乳幼児健診や病院でお医者さんに告げられたりすることで、ショックを受けたり、「そんなはずはない」と否認しようとすることが多い。しかし、父と母の場合、二人とも発達や障害の専門家であるため、ヨウの障害に気づいてすぐ、職業上の反射的な反応なのか、「それでは、どうする？」という適応の段階に入ってしまったような気がする。

　そうなったのには、「この子、自閉症や！」とはっきり認識したのが、イギリス滞在中だったこともあるかもしれない。ヨウは自閉症であるために周囲の人とのコミュニケーションが難しいが、父や母も英語の問題で周囲の人とのコミュニケーションが難しかった。しかし、ヨウも、父と母も、周囲の人たちとトラブるような大きな問題行動は（たぶん）ない。そして、ヨウも、父と母も、少しずつ、コミュニケーションは良くなってきている。ヨウは成長によって、父と母は英語力の改善によって。

　また、ヨウが基本的にかなり大人しい子であったことも、父と母が障害に気づいても冷静だった理由と言えるだろう。日本－イギリスの間の長時間のフライトですら、ヨウは疲れて若干不機嫌になった以外は、おおかた大人しく過ごせたほどである。ヨウを家庭などの限られた人間関係の中で育てていく分には、他の子に比べても大変というわけでもない。正直、ヨウの障害なんかよりも、外国での生活のほうが大変だったかもしれない。

　そもそも、外国に滞在中という状況では、打てる手も限られている。この先もずっとそこ（イギリス）で暮らすのならば、障害に対する支援サービスを探すといったことも必要である。しかし、次の春には日本に帰ることが確定していたので、「日本に帰ってから考えるか〜」といった、ある種のあきらめもあった。このあたりは、ヨウのこだわりやぐずり（夕暮れ泣き）といった大変さが、場面限定であり、困ったのが母と父だけで、保育園なんかでは出ていなかったことも大きい。我が家の場合、父も母も発達や障害の専門家であったり、障害に気づいたのが海外での長期滞在中であったりと、少しばかり一般的でないかもしれない。

ちなみに、日本に帰ってから、ヨウの障害や問題に対応していく過程で、父も母もさまざまな怒りや悲しみが湧き上がることがあった。しかし、この怒りと悲しみは、障害受容の3段階目の「怒りや悲しみ」とは異なる。障害受容の3段階目の「怒りや悲しみ」は、子どもに障害があることがわかった後の割と早い時期における、行き場のない怒りや悲しみである。ヨウの障害や問題に対応していく過程での父や母の怒りや悲しみは、大抵の場合、行政や学校（とそこのスタッフ）の対応に対してである。

こだわりをやわらげる

「トーマスのおもちゃを家の玄関から保育園まで走らせる」こだわりから、ヨウが自閉症であることに気づいたが、こだわりと言えば、朝食（のメニュー）もその一つかもしれない。イギリスでの朝食は、基本的にパン食であった。そのせいか、10年近くたった今でも、我が家の朝食はほとんどパン食である。ただし、「こだわり」ではないので、たまには、ご飯のときもある。ヨウはイギリスに来てから、トーストした食パンにチョコレートを塗って食べるのが習慣になった。そして、こだわりになった。朝食は必ずチョコパンになってしまった。朝食以外も、おやつはほぼチョコレートになった。ちなみに、当時は円高ポンド安だったこともあり、かなり大きなチョコレートバーを、１５０円くらいで近所のコンビニで買えた（もちろん、イギリスにもコンビニはある！）。

あまりにもチョコレートが好きなので、父はヨウのことを「チョコデビル」と呼ぶことにした。自閉症の子どもの場合、からかいや冗談が理解できないことが多い。好意的な（少なくとも悪意のない）愛称やあだ名が受け入れられないということもありうる。自分の呼ばれ方について、固定された、ある種のこだわりになってしまい、他の呼ばれ方に対応できなくなることもある。そんなふうに固まってしまわないように、父は、ヨウをあだ名で呼んだり、からかったりし続けてきた。

最初の頃は、父に「チョコが大好きチョコデビル」と呼び掛けられると、ヨウは嫌そうな顔をしていた。しかし、「チョコデビル」と（父に）呼ばれ続けているうちに、ヨウも次第に慣れてきて、返事もするようになった。そのためか、その後、幼稚園や学校などで「ヨウ君」「ヨウちゃん」、または名字で呼ばれるなど、いろいろな呼び方をされても、混乱したりすることはなかったようである。

小学校高学年頃には、ヨウのチョコレートへの偏執的なこだわりは、だいぶおさまってきた。たまに、朝食にご飯やピザや肉まんを出されても、ぐずったりはせず、大人しく食べる。

ヨウにとって、チョコレートは自閉症的なこだわりではなく、単に好物というだけかもしれない。とは言え、基本的に、ヨウの朝食はチョコパン――チョコレートが入っている、もしくはチョコレート味の菓子パンか、食パンに割った板チョコをのせてトーストしたもの、トーストにチョコペーストを塗ったものなど――である。

　マクドナルドのセットの飲み物は、マックシェイクのチョコレートに決めている。自販機で買う飲み物は、お茶以外ではホットココアを選ぶ。サーティワンのアイスをダブルにするときの組み合わせは、チョコレート×チョップドチョコレートと、まったくぶれない。ヨウ自身の誕生日のケーキは、もちろん、チョコケーキである。ただ、兄たちの誕生ケーキは生クリームのものだったりしても、それは食べる。なので、やはり、チョコレートは自閉症的なこだわりによる偏食ではないかもしれない。そして、抹茶味やストロベリー味のようなチョコレートは、ヨウにとっては邪道なのか、ほとんど口にしない。「チョコデビル」にとってのチョコとは、ブラックかミルクチョコレートらしい（ホワイトチョコはギリギリ可）。

　チョコレートへのこだわりがおさまってきてからは、いつまでも「チョコデビル」と呼ぶのもなんなので、小学校半ば以降、父は、ヨウのことを「ぷりぷり君」と呼ぶようになった。体が小さくて（顔立ちも）かわいらしいのと、ときどき原因不明のことで不機嫌になって怒っているので、「かわいい」のプリティーと、ぷりぷり怒っている様子をかけて「ぷりぷり君」である。ヨウは、父が「ぷりぷり君」と呼ぶと、最初のころは、「ヨウです」と返していたが、繰り返しているうちに、普通に反応するようになった。

自閉症児を含めて発達障害の子たちは、悪口や冗談に、すぐに怒ったり、真に受けたりすることも多い。そうすると、よけいに面白がられて、学校でからかいの対象になることがある。そうしたからかいは、いじめに発展する可能性も高い。なので、ちょっとしたからかいを受け流せるような柔軟性を身につけていたほうがいい。そう思って、父はヨウをあだ名（愛称）で呼んだり、からかったり、突然追いかけたりを繰り返してきた。効果のほどは不明だが、ヨウは自身の呼び名にはこだわりがないし、交流級（普通学級）ではまったく溶け込めていないものの、いじめられているといったことはない。

1　校名にコミュニティが入っている学校は、学校の運営に関するさまざまな決定を、地域（コミュニティ）の人々から構成される運営委員会みたいなものが決めるタイプの学校である。長男セイの通ったウィローレーン・コミュニティ・プライマリー・スクールの当時の校長先生は、学校改革のために、数年前に運営委員会が引っ張ってきたということだったらしい。

2　フレッチャー＝ワトソン, S・ハッペ, F（著）　石坂好樹・宮城崇史・中西祐斗・稲葉啓通（訳）　２０２３『自閉症：心理学理論と最近の研究成果』星和書店

3　Drotar, D., Baskiewicz, A., Irvin, N., Kennell, J., & Klaus, N. (1975). The adaptation of parents to the birth of an infant with a congenital malformation: A hypothetical model. *Pediatrics*, 56, 710–717.

第3章

就学前：

自閉症への取り組み

1．会話の始まり

イギリスにいる間に、自閉症の特徴がはっきりしてきた三男ヨウは、3歳半で日本に帰ってきた。ときどきしゃべりはするものの、相変わらず、やりとりにはならないことが多い。何か欲しいものがあっても、口に出して言わない。そして、周りの人が気づかないでいると、次第にヨウの機嫌は悪くなる。

まずは、欲しいものをことばで伝えられるようになることを目標にした。3歳半時点のヨウは、ほとんど単語でしかしゃべらない上に、何を言っているのかわからないことが多かった。いきなり「〇〇をちょうだい」と口で言うことを求めても難しいだろう。そこで、まずは要求のしぐさを身につけることにした。

自閉症と模倣

私たちも、外国でことばが通じないときには、身振りで伝えようとする。ことばの発達が遅れている場合、まずジェスチャーやハンドサイン（身振り）を身につけることで、コミュニケーションの幅を広げるのが常道である。[1]

ジェスチャーは、まず、大人がやって見せて、子どもがマネ（模倣）することで身につけるのだが、そこが自閉症児にとっての難関である。多くの子どもにとって、簡単な身振りをマネすることは、それほど難しくはない。しかし、多くの自閉症児は模倣を苦手としている。

自閉症の子は、「模倣が苦手」というより、自発的な模倣が少ないといったほうが正しいかもしれない。普通、子どもはかなり幼い頃から、人のマネをする。生後8～9ヶ月以降には、大人が赤ちゃんの前でいろいろな表情をしてみせると、赤ちゃんはおもしろがってマネる。マネることを促す必要もない。赤ちゃんと目が合ったときに、変顔や大げさな表情をしてみせればいい。赤ちゃんはニヤッとしながら、絶妙な間でマネをしてくれるだろう。このとき、赤ちゃんも大人も、お互いに遊びだということが自然とわかる。

自閉症児の場合、大人が変顔や大げさな表情をしてみせても、すっと目を逸らしたり、じっと見つめ続けるだけで、自発的な模倣はしないことが多い。普通、自発的な模倣は表情や動きだけでなく、声やことばでも頻繁に生じる。自発的な模倣の起こりにくさが、自閉症児のことばの遅れの原因の一つとなっている可能性は高い。

ヨウの場合、まったく模倣がなかったわけではない。しかし、長男セイや次男オトに比べると、父はヨウの模倣の記憶がはっきりしないので、やはり少なかったのだろう。ただ、歩き始めてからのヨウは、オトの後を追いかけたり、オトの触ったおもちゃを触ったりということはよくあった。こうした行動は、父や母には模倣っぽく見えた。

しかし、今、考えてみると、ヨウがオトの行動を追っていたのは、模倣ではなかったのかもしれない。模倣は、相手の行動そのものへの興味や注意から起こる。しかし、ヨウはオトの行動に興味があるわけではなく、オトが触った「もの」に興味があるだけだったのかもしれない。

自発的な模倣は出にくい自閉症児だが、模倣ができないわけではない。少しことばがあるくらいの子なら、「マネして」と声をかけると、鼻を触る、手を上げるといった簡単な模倣はできることが多い。ことばがまったく、もしくは、ほとんどない子どもでも、手順を踏めば模倣できるようになる。例えば、お母さんが「マネして」と声をかけながら、（母親自身の）鼻を触り、子どもの背後から、お父さんが子どもの手を取って（子どもの）鼻を触らせる。すぐに褒めながらお菓子を与える、という手順を何回か繰り返す。何回かやれば、お母さんが「マネして」と声をかけながら鼻を触るだけで、お父さんが手を出さなくても、子どもは鼻を触る（という模倣をする）ようになる。その後、動作のヴァリエーションを増やしていくと、初めての動作であっても、「マネして」と声をかけると模倣できるようになる。

そうはいっても、訓練としてジェスチャーを身につけさせるのは、少々面倒である。また、ジェスチャー自体は模倣訓練でできるようになっても、文脈に応じて、そのジェスチャーを使えるようにしなければならない。ジェスチャーを使用する（べき）場面は、生活の中で出てくる。なので、そうした場面の出現に合わせて、親がジェスチャーの使用をタイミング良く促そうとすると、子どもにほとんどつきっきりでなければならない。それは無理である。

「おねがいマイメロディ」で「おねがい♪」

3歳半で日本に帰国したヨウは、テレビの幼児番組を楽しめるようになってきた。それまでも、テレビは見ていた。しかし、イギリスでは、ことば（英語）がわからないし、イギリスに行く前の2歳半までは、内容を理解しているのかどうか、よくわからない状態だった。帰国後は、テレビの幼児番組以外に、レンタルビデオ屋で借りてきたアニメを、兄たちと見るようになった。特に、毎回ストーリー展開がワンパターンなアニメを集中して見た。その中でもヨウがはまったのが、「おねがいマイメロディ」である。

「おねがいマイメロディ」は、マリーランドという異世界から日本にやってきたマイメロディというウサギっぽい主人公が、同じくマリーランドからやってきたクロミが引き起こす騒動を、魔法を使って解決するというお話である。毎回、クロミが騒動を引き起こし、マイメロディが解決するパターンである。ただし、マイメロディの解決方法は、「おねがい♪」の一言で周囲の人やものを操り、自分では特に何もしない。実際に働いているのは、周囲の人や（操られた）ものである。なお、マイメロディが「おねがい♪」と言うときには、両手を合わせて、相手を見つめるというあざといポーズをとる。

父と母は、これを利用することにした。例えば、おやつのときにヨウにチョコレートを見せ、「チョコレート欲しい？」と尋ねる。ヨウがウンウンとうなずくと、「マイメロちゃんみたいに『おねがい』して」と促す。ヨウは、割とすぐに、両手を合わせて「おねがい♪」と言えるようになった。さまざまな要求の場面で、ヨウに「『おねがい♪』は？」と促すと、いろいろな場面で「おねがい♪」のポーズをしながら「おねがい」と言えるようになった。

「仮面ライダー」にはまる

ヨウが「おねがい♪」のジェスチャーを比較的すんなりと獲得したあと、父と母がそれ以外にも使える表現を増やしたいと考えているときに、大きな転機が訪れた。ヨウが、単語ではなく、文でしゃべり始めたのである。きっかけは仮面ライダーだった。

4歳になる少し前に、ヨウは当時放送されていた「仮面ライダーウィザード」にはまった。ヨウは仮面ライダーウィザードを放送日に見たあと、録画したものを繰り返し見た。そして、変身ポーズをマネし始めた。それまでのオトとヨウの遊びは、オトがおもちゃの刀を振り回すと、ヨウも振り回すとか、楽しくなってきたオトが叫んだり、ドタバタ踊ったりし始めると、ヨウも興奮して走り回る、といったことが大半だった。一緒に楽しく遊んでいるように見えるが、そこにやりとりはなかった。しかし、仮面ライダーウィザードにはまって、変身ポーズをするようになってから、ヨウはオトと戦いごっこをするようになった。戦いごっこでは、それぞれが仮面ライダー役と怪人役になって、呼吸を合わせて動かなければならない。そこには、お互いのやり取りやタイミングをはかる必要が生じる。

仮面ライダーは、毎年夏の終わり（9月頃）に放送が始まり、翌年の8月末頃に完結する。放送が始まる頃に、新しいライダーの変身ベルトが発売される。ヨウの誕生日は10月なので、4歳のお誕生日プレゼントは変身ベルトだった。ヨウはベルトをつけてもらうと、変身アイテムである魔法の指輪（仮面ライダーウィザードは、魔法の指輪を変身ベルトにかざして、変身したり、必殺技を出す）を指に着けたり、外したりしながら戦いごっこをする。戦いごっこの中で、ヨウは変身ポーズや必殺技のポーズをしながら、「変身！」のかけ声や技名を言う。そして、ヨウは劇中のセリフを文で言うことも含めて、再現し始めた。

　なお、ヨウは自分一人でベルトを腰に着けることができない。もちろん、戦いごっこは一人ではできないので、次男オトとやる。ベルトをつけたり、戦いごっこに付き合ってもらうには、「おねがい♪」が必要になる。このころには、ヨウは「おねがい♪」を乱発するようになっていた。

　仮面ライダーには、いろいろな決めゼリフがある。仮面ライダーウィザードの決めゼリフには、変身して戦いが始まる際の「さあ、ショータイムだ」「魔法の力、みせてやるよ」、必殺技直前の「フィナーレだ」、恐怖や絶望に追い込まれた人を励ます「約束する。俺がお前の最後の希望だ」、怪人を倒した後の「魔法の力もなかなかのモンだろ」「魔法使うのも結構疲れるな」などがある。決めゼリフなので、パターンとセリフを言うべき文脈がある。

　しかし、戦いごっこの中で、オトは番組（の怪人）と同じようには振る舞ってくれない。ヨウは番組の場面を同じように辿って再現したいのだが、自閉症ではないオトは、いい加減である。怪人（役）のくせに、必殺技を受けても倒れてくれなかったり、倒れたと思ったら、突然立ち上がって、「変身！　オトもウィザード！」などと言い始める。仮面ライダー（役）だったヨウが、オトにベルトを奪われて、怪人にされてしまうことも（よく）ある。１歳年上で巨体のオトに、ヨウは力ではかなわない。戦いごっこをするようになった最初の頃は、ヨウがオトの振る舞いに構わず、番組の場面どおりにセリフやポースを続けようとして、ごっこ遊びの流れとかみ合わなくなり、オトが怒ってやめてしまうことも多かった。しかし、次第に、オトの言っていること、やっていることに合わせて、ヨウもセリフやポーズを使い分けることが増えてきた。

「仮面ライダー」とコミュニケーション

「自閉症児は、ふり遊びやごっこ遊びを（あまり）しない」と言われることがある。確かに、自閉症児は、明確なストーリーがなく、それぞれの演じる役柄だけを決めて、その場の流れで内容が決まっていく、お店屋さんごっこのようなごっこ遊びはあまりやらない。一方で、同じシーンやストーリーをそのまま繰り返す形のごっこ遊びは行う。一人でブツブツ言いながらやることが多いが、他の人（大体は親）がストーリー通りに役を演じてくれるなら、他の人と一緒にすることもある。

自閉症でない子どもにとっては、ふり遊びやごっこ遊びは、他の子どもや大人とのコミュニケーションを含んだ遊びである。何を演じるか、どのように演じるかは、他者とのコミュニケーションを通じて変わってくる。コミュニケーション抜きに、ふり遊びやごっこ遊びは成立しない。一方、自閉症児にとってのごっこ遊びの目的は、あくまで、固執している場面やストーリーをなぞることにあり、パターンを繰り返すことが重要になる。このパターンへの固執を、どのようにコミュニケーションへとつなげていくかが難問である。

4歳くらいまでのヨウは、周りの人が普通に話しかけても反応しないか、チラッと見るだけだった。しかし、仮面ライダーウィザードにはまってからは、「ウィザード……」といったことばや、仮面ライダーウィザード関連の情報が交じっている会話を聞きつけると、しっかりと見つめてくるし、（仮面ライダーウィザードの）セリフをつぶやいたりするようになった。とは言え、会話が成立したり、大人の言うことがわかっているわけではない。

そこで、父と母は、普段の生活の中で、ウィザードのセリフを使っていくことにした。このころ、ヨウは食が細く、食事の時間になってもなかなか食べ始めなかった。しかし、戦いが始まる際のウィザードのセリフである「さあ、ショータイムだ」と、声をかけてみると、食べ（始め）られた。最後の一口になると、「フィナーレだ」と声をかける。他にも服を着替え（始め）る、おもちゃを片づけ（始め）るときに、「さあ、ショータイムだ」という声掛けで、行動を切り替えるきっかけとした。もちろん、いつもうまくいくわけではない。しかし、それまでの、声をかけても反応がほとんどなく、やりとりが続かない状態に比べると、大きな改善だった。

　そうこうしているうちに、ヨウの発話の端々にウィザートのセリフが交じるようになった。ただ、その多くは独り言か、戦いごっこの中でのセリフである。そんな中、４歳をほんの少し過ぎた頃、大進歩の瞬間が訪れた。あるとき、オトが泣いていた。すると、ヨウが泣いているオトの顔を覗き込んで、「約束する。俺がお前の最後の希望だ」と話しかけたのである。このセリフは、敵に襲われて絶望しかけた人を、仮面ライダーウィザードが励ますときの決めゼリフである。泣いているオトと仮面ライダーの劇中の絶望しかけた人、自分（ヨウ）が泣いているオトを励ますことと、仮面ライダーが絶望しかけた人を励ますこと、というヨウ自身の状況や行動と仮面ライダーの物語がつながった瞬間だった。

　この頃からヨウは、仮面ライダーウィザードはもちろん、それ以外のテレビの登場人物のセリフ、セリフに出てきた単語や言い回しを、他の人との会話の中で使い始めた。それとともに、急速に語彙《ごい》が増え、表現の幅が広がっていった。若干、場面に合わない言い回しや芝居がかった表現にはなっていたが……。

　ことばはほとんどしゃべらないのに、歌は歌うという自閉症の子は結構多い。ヨウも、２

語文しかしゃべっていないときから歌っていた。もちろん、ことばの意味がわかって歌っているわけではなく、音を再現しているだけである。あまりことばがはっきりしない子でも、歌を（マネて）歌うことができていれば、おそらくアニメやCMのセリフをマネることはできるだろう。そのため、ジェスチャーによる意思表示の次に、アニメやCMのセリフを使えるようにすることは、有効な手段である。ただ、そうしたセリフが意味を持ち、自身の生活の中で行動や状況とつながってこないと、単なるパターンへの固執になるリスクはある。

アニメやCMのセリフが、実際の生活や状況の中で使えるようになるには、タイミングが大切だ。まずは、その子がやりたいことや欲しいものがなければならない。そして、それをする、もしくは、手に入れるには、他者の力を借りないといけないことが重要である。他者の力を借りなければならないことで、他者に注意が向くようになる。他者の力を借りるためには、他者に自分の意思を伝える必要が生じる。そこに、他者とのコミュニケーションの必要性、コミュニケーション能力の獲得（の必要性）が起こる。

応用行動分析

自閉症児の訓練の選択肢の一つに、応用行動分析（学）（Applied Behavior Analysis：A

ＢＡ）がある。応用行動分析は、アメリカの心理学者のスキナーが生み出した心理療法である。ヒトを含めた動物は、ある行動をした直後に、状況がポジティブ（な方向）に変化すると、その行動は繰り返されやすくなる。反対に、ある行動をした直後に、状況がネガティブ（な方向）に変化すると、その行動は繰り返されにくくなる。応用行動分析は、この枠組みを原理としている。

　例えば、ある動物が「食べ物がない」状況に置かれている。その動物が「ある場所に行く」という行動をすると、食べ物が見つかった。「食べ物がある」状況は、「食べ物がない」状況に比べて、ポジティブ（な状況）である。このように、ある行動をして、状況がポジティブに変化すると、そうしたポジティブな変化を引き起こした行動（この場合は「ある場所に行く」）は、繰り返される可能性が高まる。住宅地に下りてきたクマが、残飯なんかの餌を見つけてしまうと、その後も山から下りてくるようになるのは、このためである。

　私たち人間も、他の動物と同じように、状況をポジティブに変化させるような行動は繰り返される。ヨウの「おねがい♪」もこの方法で教えられた。ジェスチャーつきで「おねがい」と言えたら、欲しいもの（チョコレートとか）をもらえる。仮面ライダーのベルトをつけてほしいときには、ベルトを持ってウロウロしたり、ベルトを持ってきて母や父に押し付けてきても、「おねがい♪」をしないとつけてもらえない、という具合である。

2. 自閉症の定義

ここからしばらく、自閉症を中心とした、発達障害の定義なんかについての堅い話が続く。ヨウのように障害が見つかりにくいタイプの子にとって、診断や障害を理解してもらうのは重要なことなので、お付き合い願えるとありがたい。

発達障害の定義と診断

厚生労働省は、発達障害を、生まれつきの脳の機能に問題があり、幼児のうちから行動面や情緒面に特徴がある状態と定義している。発達障害には、自閉症、注意欠如・多動症（ＡＤ／ＨＤ）、学習症（学習障害：ＬＤ）などが含まれる。多くの発達障害は、原因がはっきりわかっていない。ただし、生まれつき、何らかの脳の機能に問題があるため、成長に伴い、通常の定型的な発達とは異なる行動や情緒の問題が生じる、と考えられている。とは言え、脳のどの部位や機能に問題があるのかといったことは、ほとんどわかっていない。

　例えば、高熱が出た場合、まず体温測定や医師の問診がある。これでわかるのは、体に起こっている異常（症状）である。症状から病気（の原因）を推測することはできる。しかし、それは推測に過ぎない。そこで、血液検査やＰＣＲ検査のような検査を行い、症状の原因となる病原菌やウイルスを確認する。つまり、検査によって、病原菌やウイルスを特定することで、何の病気かが確定する。

　発達障害の場合、そもそも原因がはっきりしない。また、原因（脳の機能の問題）を調べるような検査はない。そのため、発達障害の診断は、原因からではなく、行動や情緒の状態（症状）をもとに行う。つまり、こんな行動をしたり、情緒の問題があったりするということは、○○という障害なのだろう……という推測で、診断（障害〈名〉の確定）がされる。

スペクトラムとしての発達障害

　発達障害と判断される「状態」とは、「定型的な発達とは異なる行動や情緒の問題があること」を指している。しかし、定型的な発達にも、大きな幅（個人差）がある。対人関係が苦手で、融通が利かないからといって、ただちに自閉症と診断されるわけではない。人間には大きな個人差がある。自閉症の中でも、さまざまな行動や情緒の問題があるし、それらの問

図3－1

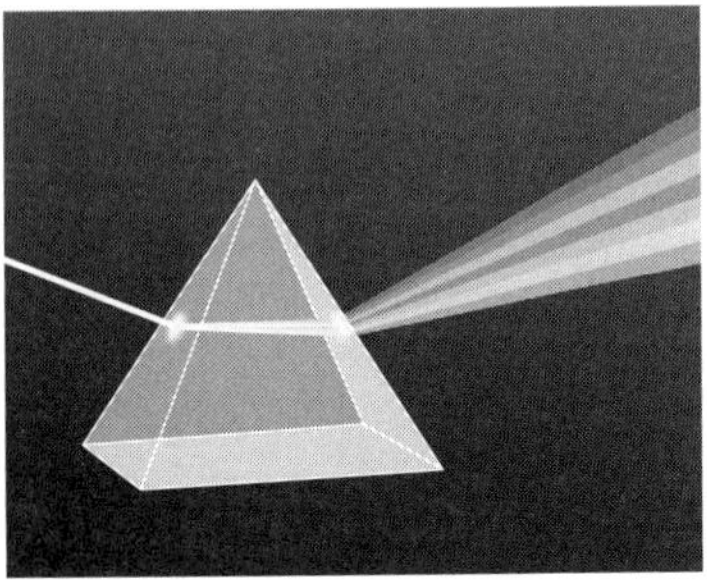

発達障害はプリズムでできた光のように
スペクトラムになっている。

出所：筆者作成

題が軽い人から重い人までいる。

自閉症は、正式には、自閉スペクトラム症と呼ばれる。スペクトラムとは、光を波長の順に分解して並べたもの（**図3－1**）で、転じて「意見・現象・症状などが、あいまいな境界をもちながら連続していること」を指す（デジタル大辞泉）。自閉スペクトラム症とは、自閉症の特性を示すような発達障害を「重度から軽度まで境界のあいまいな、連続した一つの障害」＝スペクトラムとして捉えたものである。

かつて、自閉症の子どもは、視線が合いにくいと言われていた。確かに定型発達の子どもに比べると、視線の合いにくい自閉症児は多い。一方で、視線が合いすぎる自閉症児もいる。特に「人と話すときは、相手の目を見なさい」という指導をされた自閉症児に、そうした傾向が見られやすい。指示を守って、相手の目をじっと見つめ続けてしまうのである。自閉症児の場合、視線の合うタイミングに違和感のある人は多いものの、全然合わない人から、合いすぎる人まで幅広い。

自閉症と社会的参照

赤ちゃんが、見慣れないものに触っていいのか（危険がないか）わからないようなときにする行動に、社会的参照がある。赤ちゃんは自分で行動を決められないときに、周囲の大人（母親や父親や担当の保育士さん）の表情や態度、反応を手がかりにする。お母さん（もしくは、お父さん）が笑っていれば、触っても大丈夫だし、怖い顔をしていたり、首を横に振ったりしていれば、触らないほうがいい。このように、周囲の大人の反応をうかがう行動が社会的参照である。

定型発達の子どもでは、社会的参照は1歳頃には見られるようになる。同時に、ミニカーを見せに来て「かっこいいね～」と言ってもらったり、積み木を積むと親のほうを振り返って褒めてもらおうとしたりといった、承認を求める行動が出てくる。そして、この承認獲得的な行動は、3～4歳頃にはかなり激しく生じる。承認獲得的な行動は、大人になっても、なくなるどころか増えることさえある。

ヨウが1歳の頃の社会的参照行動については、父も母も記憶が定かではない。オトの後をくっついて歩き、同じ遊びや行動をしていたので、オトを社会的参照の対象にしていたのかもしれない。オトは、割とはっきり社会的参照をするタイプだった。おもちゃをタンスに入れようとして、父のほうを振り返り、父に首を横に振られると、にちゃーと笑いながら「そんないたずらはしませんよ〜」といった様子でその場を立ち去るといったことは、日常茶飯事であった。オトにとっては、もはや社会的参照自体が遊びであった。行動を決めるために社会的参照をするのではなく、社会的参照というコミュニケーションをするために、いたずら（行動）をする。目的と手段の逆転である。ちなみに、大人が見ていないと、オトはいろいろなところにおもちゃを入れるいたずらをした。そのため、ときどきシンク下の戸棚の鍋からミニカーが出てきたりした。

　父にも母にも、ヨウには、オトのようなはっきりした社会的参照行動の思い出がない。していることやものを見せに来るといった、承認獲得行動が頻繁だったという記憶もない。一方で、社会的参照や承認獲得行動がなさすぎておかしい、と感じた記憶もないので、まったくそうした行動が見られなかったというわけでもないのだろう。

　母がはっきりと「おかしい」と感じるようになったのは、ヨウがトーマスのおもちゃを家の玄関から走らせることにこだわるようになったときだった（第2章参照）。このこだわり行動に関して、ヨウは「もう少しやっていいかな？」というように、母のほうを見る社会的参照をすることはなかった。それをやり終えたからといって、承認を求めるそぶりもなかった。そうしてヨウを眺めてみると、社会的参照や承認獲得行動が確かに少ない。まったくしないわけではないので、即座には「おかしい」と気づきにくいが、気にしてみると、兄二人に比べて確かに少ない。普通は、振り返って、大人の視線や表情を確認しそうな場面で、それをしない。

家庭内では、「おねがい♪」ができるようになり、困ったときに助けを求める手段を得たことで、ヨウの社会的参照の少なさは、あまり気にならなくなった。承認獲得行動についても、仮面ライダーウィザードにはまってからは、変身アイテムのベルトや指輪を見せに来たり、変身ポーズを見せに来たりするようになった。ヨウの場合、社会的参照や承認獲得行動の少なさは、自閉症の症状ではなく、コミュニケーションのための表現手段が少なかったことや、社会的なものごとへの興味の少なさが原因だった可能性もある。ただ、表現手段の少なさや社会的なものごとへの興味の少なさ自体が、自閉症の症状とも言える。

いずれにせよ、定型発達の人に比べ、自閉症には偏りが大きい人が多い。一方で、偏りは人によって違う。例えば、視線がまったく合わないわけではなく、視線の合うタイミングが悪い程度だと、対人不安が強い定型発達の人なんかと、それほど違わない。なお、日本の大学生の約半数は、何がしかの対人不安があると言われている。上手に視線を交わしながら会話できない大学生は相当いて、自閉症の人は、その中の一部に過ぎない。

ＤＳＭ：精神障害の診断と統計マニュアル

発達障害の診断は、建前上は、アメリカ精神医学会が出している「精神障害の診断と統計マニュアル（Diagnostic and Statistical Manual of Mental Disorders：ＤＳＭ）[2]」に基づいて行われることが多い。「建前上」というのは、発達障害が、ウイルスの有無のような明確な形で判断できない以上、実際の診断は、子どもの行動や情緒の状態（症状）から、医師が推測することで行われるからである。

ＤＳＭには、各障害について「定型的な発達とは異なる行動や情緒の問題」の項目が示されている。自閉症の場合、次のような項目が示されている。

1．複数の状況で社会的コミュニケーションおよび対人的相互反応における持続的欠陥があること

2．行動、興味、または活動の限定された反復的な様式が2つ以上あること（常同的、

反復的な身体の運動や会話、固執やこだわり、極めて限定され執着する興味、感覚刺激に対する過敏さまたは鈍感さなど）

3. 発達早期から1、2の症状が存在していること
4. 発達に応じた対人関係や学業的・職業的な機能が障害されていること
5. これらの障害が、知的能力障害（知的障害）や全般性発達遅延ではうまく説明されないこと

ＤＳＭでは、こうした項目に対して、行動や情緒の状態（症状）がどの程度当てはまるかで診断する。ＤＳＭは２０１３年に、第５版（ＤＳＭ－５）に改訂された。この改訂で、定型発達とは異なる特定の行動の有無だけでなく、「どの程度」そうした行動があるかを、判断の基準とすることが盛り込まれた。これは、障害を連続的に程度の異なる状態がつながったスペクトラムとして捉える、という考え方に基づいている。

さらにＤＳＭ－５では、生活において、実際にどの程度困っているかを重視するように変更された。ここでもスペクトラムの考え方が影響している。スペクトラムの考え方に基づくと、定型発達とは異なる行動があっても、生活上困ることがない場合には、あえて障害と判

断（診断）する必要はない、と考える。一方で、定型発達とは異なる行動としては比較的軽度でも、そうした行動（症状）が生活に困難をもたらしているならば、障害と判断されるケースもある。これは、障害の診断を受けることによって、困難に対する支援が可能になるといった本人の利益を重視すべき、という理念に基づく。したがって、発達障害は定型発達とは異なる行動の有無だけでなく、その程度が重視されるとともに、実際の生活で何にどのくらい困っているか、で判断されるようになってきている。

性格の類型論と特性論

心理学では、性格について、類型論と特性論という異なる二つの捉え方がある。類型論では、内向型・外向型といったように、人をいくつかのタイプに分類して考える。特性論では、人の性格を、内向性がどの程度か、協調性がどの程度か、好奇心がどの程度か……というように、いくつかの側面に分けて、それぞれの側面の程度の組み合わせと考える。

私たちが日常的に使う「あの人は明るい性格だ」とか、「彼は真面目な人だ」といった表現は、その人がどんなタイプに当てはまるかを表現している。これは類型論的な考え方である。一方、特性論というのは、ロールプレイングゲーム（ＲＰＧ）のキャラクターのステータスのようなものである。特性は、防御力、素早さ、器用さといったパラメーター（図３－２）のようなものと考えればいい。類型論は、日常的に使う性格についての表現に近い。わかりやすい半面、個人の性格を捉えるにはおおざっぱすぎたり、ステレオタイプな見方しかできないという短所がある。特性論は、個人を正確に細かく捉えることができる反面、全体的な理解が難しいという短所がある。

図3-2

特性論はRPGにおけるキャラクターのステータスに似ている。

出所：筆者作成

自閉症の捉え方

発達障害に関しても、従来は、障害名で分類するという類型論的な捉え方がされていた。しかし、次第に、特性論的な捉え方に変わってきた。その結果、障害をスペクトラムとして考えるようになってきた、とも言える。自閉症の場合、類型論では、典型的な自閉症の姿というものを考える。特性論では、（非言語的な）社会性、（言語的）コミュニケーション能力、こだわりなどのパラメーターが、どの程度偏っているかを考える。

いくつかのパラメーターに、ある程度以上の偏りがあれば自閉症とみなす、といった感じである。ただ、パラメーターの偏りにも、極端な人から、やや偏っている人まで幅がある。また、パラメーターの強弱の組み合わせは千差万別である。もちろん、ある種のパターンというか、方向性はあり、それが自閉症特有の行動や症状を生み出している。ＲＰＧのキャラクターの場合、筋力や防御力のパラメーターが高いと戦士職タイプで、知力や魔力が高いと魔法職タイプになるような感じである。社会性、もしくはコミュニケーション能力のパラメーターが低く、こだわりのパラメーターが高い、そして、その低さや高さが標準をはるかに超えている、すなわち偏りが大きいと、自閉症っぽいキャラになる、と考えるとわかりやすい。

発達障害とは何か？

発達障害をスペクトラムとして捉えると、ほとんどの人に、さまざまな障害の特徴が少しばかりは当てはまる。例えば、誰しも何らかのこだわりはあるだろうし、忘れ物をしたり、会議や授業の途中にぼんやりしたりしたこともあるだろう。だからといって、自閉症だったり、ＡＤ／ＨＤだったりするわけではない。発達障害に表れる症状や行動と同じようなことは、誰にでも多少は起こる。ただ、自閉症やＡＤ／ＨＤの人は、その頻度が高く、程度が強いことが多い。また、そうした行動や症状によって、仕事や勉強を含めた日常生活にネガティブな問題が生じる。そうした困りごとが生じるのが「障害」である。

とは言え、仕事や勉強で困っていれば、障害というわけでもない。障害と障害以外の違いについては、学習障害（ＬＤ）と単なる低学力の違いを考えるとわかりやすい。学習障害の場合、適切な対応がされないと学校の勉強についていけなくなる。しかし、学習障害でなくとも、学校の勉強についていけない子どもは大勢いる。中高生ともなると、軽度の学習障害なのか、単なる低学力なのかは、学校（学力テスト）の成績だけからでは判断しにくい。

これには、簡単な判別方法がある。勉強をすれば、つまり、勉強の量をこなせば、学力（成績）が上がるようなら、単なる勉強不足による低学力である。一方、学習障害の場合、いくら勉強量（＝入力する情報量）を増やしても、そう簡単にはテストの点は上がらない。そもそも、情報の処理に問題（障害）があるからである。学習障害の場合は、その人が処理できるような情報の与え方（例えば、教材や授業時の話し方、板書）や、ノートを取りやすいように使う道具を考える（例えば、罫線が色分けされて、わかりやすくなったノートなど）、といった工夫が必要となってくる。本人の努力だけではどうにもならない。特別な工夫や支援が必要であるということが、（発達）障害か障害ではないかの違いである。

3. 障害への取り組み

父と母が、本格的にヨウの療育の必要性を感じ始めたのは、イギリスから帰国したあとである。帰国後、父が関西の大学に移ることになり、我が家は関西に転居した。引っ越して、まず最初に悩んだのは、ヨウを保育園に入れ直すか否かであった。２０２３年現在、待機児童問題は多少改善されているが、我が家が関西に引っ越してきた当時は、待機児童が溢れており、年度途中に認可保育園に入るのは難しい状況であった。また、認可保育園に入るには、父だけではなく、母も働いている必要がある。母は静岡では非常勤の発達相談員として働いていたが、関西に引っ越す際に辞めていた。そこで、まずは認可外の保育施設に次男オトと三男ヨウを預けながら、母が職を探し、共働きの実績を作りつつ、認可保育園に空きができたら入園するという段取りになる。しかし、次男オトはともかく、ヨウを加配の先生（障害等のある子どもに対し、通常の職員数に加えて配置される先生のこと）のいない認可外の保育施設に預けても大丈夫なのか、母は心配になってきた。

母が役所の子ども課に相談に行ったところ、「公立の幼稚園ならばすぐに入れるので、直接、相談に行っては」との助言をもらった。そこで、母は近くの幼稚園で相談してみた。すると、まず幼稚園に入って、途中で保育園に転園する人もいるということだった。自宅近くの幼稚園は４、５歳児の２年保育のみで、３歳児のクラスがなかった。そこで、ひとまず、オトだけがその幼稚園（の４歳児クラス）へ入園し、ヨウは次の年に入園することにした。

ヨウはしばらく家庭で過ごすことになった。引っ越したばかりで、周りに知り合いもおらず、母には少ししんどい１年だった。セイとオトの新しい生活――送り迎えをしたり、ものをそろえたり、今までしてこなかったお弁当を作りをしたり――で余裕がなく、母は職探しの時間を作ることができなかった。その年の５月にあるヨウの３歳児健診で、自閉症や発達の遅れを相談し、ヨウを保育園ではなく、療育に行かせる方向に、母の気持ちは傾いていた。

３歳児健診

３歳児健診の会場となっていた保健センターは、自宅から少し距離があった。母も初めて行く場所だったため、緊張もあって少し余裕がなかった。さらに、次男オトを幼稚園に早く迎えに行き、一緒に連れて行かなくてはならなかったことも、気持ちの余裕を失わせた。健診会場には時間前に着いたが、割と大きな自治体なので、会場にはかなり多くの人がいた。

ヨウは、会場のざわざわした様子や、他の子の泣き声に圧倒されて、固まっていた。

母は、ことば（の遅れ）の相談（心理相談）を受けるつもりだった。その場合、身体面の健康診断の後に保健師の問診があり、さらに心理相談を受けることになるので、すべて終えるのはかなり遅くなるだろうと予想していた。しかし、心理相談の前の尿検査、歯科検診、眼科検診のいずれでも引っかかってしまい、それぞれ要再検査、経過観察になった。母も、自閉症や発達の遅れで引っかかることは想定していたが、健康面の問題は予想外だったので、心理相談までに、かなりショックを受けてしまった。なお、要再検査となった項目については、後日病院を受診し、幸い何事もなかった。ただ、健康面に問題がないことがはっきりするまで、正直、発達以上にそちらが気にかかる状況になってしまった。

保健師の問診では、積み木を積むことを促されても、ヨウは固まったままだった。保健師の問いかけにも、まったく応じなかった。事前に、問診表にことば（の遅れ）についての相談を希望すると書いておいたので、すぐに心理相談に回された。保健師のときとは違い、心理相談員に対しては、ヨウは積み木を積んだり、ことばの課題に割と素直に応じたりしたので、母は少しほっとした。発達検査の項目を全て確認したわけではないが、遅れの幅はそれほど大きくないと判断されたようだった。

我が家が暮らす自治体では、発達に心配がある子どもについて、なるべく早く発見して療育に誘うようになっており、かなり熱心に取り組んでいるようだった。そのため、多くの場合、３歳児健診の年齢までに、発達の遅れが発見されており、ヨウの年齢（３歳半）の療育教室は満員で入れないとのことであった。心理相談員には、そのことを申し訳なさそうに伝えられた。そのため、まず、半年間は、地域の幼稚園の園庭開放などを利用しながらの経過観察となった。

実は、問診に当たった保健師とのやりとりが、母にはとても嫌なものだったので、（その保健師が所属する）保健センターに、すぐにかかわる気になれなかった。そのため、経過観察になって、母は正直ほっとした。

「心理の専門職のくせに」

母が保健師とのやりとりでショックを受けたのは、「心理の専門職のくせに、子どもに遅れがあるってどうなの」ということばである。障害を親のせいにするような言いように、母は腹が立ってことばが出てこなかった。また、その保健師は、ヨウに対してもバカにした感じで質問し、固まって黙っているヨウを指さして「自閉症とかより、もっと気にすることがあるんじゃないの」と言ったのである。

母は怒りのあまり、その後の心理相談で対応してくれた心理相談員とも、しばらくまともに話せなかった。心理相談員は親切に対応してくれたし、何の罪もない。しかし、その日以降の相談でも、母には「あの保健師のいる保健センター」という感覚は残り、表面的には相談するが、全く協力的でない親だったと思う。

既に説明している通り、発達障害は脳の障害によるもので、親（の養育）のせいではない。第1章で触れたように、保健師（看護師）は医療職なので、発達や障害の専門家ではない。ただ、3歳児健診、しかも問診（保健指導）に携わる保健師が、発達障害の基本（何しろ、厚生労働省が定義している）を理解していないのはまずい。仮に、親の養育に問題があっても、親を非難して、その後に拒否的な態度を取らせてしまうことは避けなければならない。母自身も発達障害を支援する仕事をしてきた。このできごとによって、母自身が、自分のこれまでの仕事について振り返り、今後の反面教師としたのは言うまでもない。

音楽教室

療育教室が満員で入れず、経過観察（とりあえず放置）となったため、療育教室に入れるまで、ヨウは行くところもなく、家庭で過ごしていた。母と少し療育めいたことをする以外は、ほとんど一日中、テレビで仮面ライダー（の番組を録画したもの）を見たり、仮面ライダーごっこをしたりで、仮面ライダー三昧《ざんまい》であった。母は、家族以外の人とのやりとりをどこかで経験させ、ヨウに仮面ライダー以外の遊びに対する興味を持たせたいと思った。

まず、オトが通っていて、ヨウも入園予定の幼稚園で開催されている未就園児（3歳児）の集まりに参加した。ここには、ヨウと同じ、次年度入園予定の子の半分以上が参加していた。そのため、かなりの数の子どもとその親が来ており、混み合っていた。ざわざわした環境が嫌いなヨウは、朝の会が始まっても部屋に入れなかった。その後も何回か参加したが、朝の会だけでなく、ひどいときには、朝の会が終わった後の自由遊びにも参加できなかった。

そこで、母は音楽ならどうだろうかと考えた。イギリスの保育園では、数語の単語で乗り切ったヨウだが、音楽は好きだったので、英語の童謡を〝空耳アワー〟な感じで覚えて歌っていた。ほとんどしゃべらないヨウが、英語で歌うのを聞いた（イギリスの）保育園の先生たちは大喜びだった。なので、母は音楽なら、ヨウも参加できるかもしれないと思って、ヤマハ音楽教室の見学に行ってみた。見学で、幼稚園（の未就園児の集まり）のように泣いてしまうようだったら、あきらめようと思っていた。

見学では、他の子どもたちがやっていることを見るだけだったが、ヨウは思いのほか興味を持てたようで、じっと皆の活動を見ていた。音楽教室の先生も「めっちゃガン見してましたね！」と勧誘する気満々で話してくれた。母は先生に、ヨウは歌や音楽に興味はあると思うが、いつも今日のように大人しく参加できるかはわからないこと、コミュニケーションが苦手なこと、周囲に合わせて行動することができないことなどを話した。しかし、先生は「でも、３歳児ってそんなもんですよね」とあっけらかんとしていて、チャレンジしてはどうかということになった。（ヨウというより母が）勇気を出して、通い始めた。

その日のヨウの気分で、前に出て、みんなと一緒に歌うことができないことなどはざらにあった。しかし、ヨウが唐突に仮面ライダーの話を始めても、先生の問いかけにワンテンポどころか、５分くらい過ぎてから反応しても、担当の先生が上手に対応してくれた。おかげで、ヨウは他の子と一緒に歌ったり、踊ったりと、音楽教室に割と「普通に」参加することができた。最初の「でも、３歳児ってそんなもんですよね」という音楽教室の先生の返事に、母は「この子、本当に大変なんですけど」と心配していたが、ヨウのような子を扱うのが上手な先生のおかげで、参加し続けることができた。

音楽教室では、年に１回、周辺地域の複数の教室の子どもたちが集まって、クラスごとに歌やダンスを披露する発表会がある。ヨウにとって初めての発表会のとき、ヨウのクラスの子どもたちはお花のお面を頭につけて、みんな同じ色の衣装を着ることになった。当時のヨウは服にこだわりを見せていたので、いつもと違う服を着る時点で抵抗していた。そして、初めての場所で、初めて経験する雰囲気は、ヨウにとってハードルが高い場面であった。

ヨウたちのクラスの出番が近づいてきた。母は舞台袖で泣き続けるヨウを抱っこしながら、「これ（発表会）は無理やで」と思っていた。そして、舞台上に他の子が（子どもだけで）並んでいる中、ヨウだけは母に抱っこされて、みんなと並んだ。演目が始まると、それまで薄暗かった舞台に照明が当たり、急に明るくなった。びっくりしたヨウは泣き止んで静かになった。そのとき、先生が「お母さん、いけますよ」と声をかけてくれた。母がヨウを下ろしてそっと舞台を離れると、音楽が流れはじめた。ヨウはちょっと隣の子を見て、少し遅れて踊り始めた。口が開いて動いているので、歌も歌っているようである。

とうてい舞台に上がれるようには思えなかったヨウが、突然、切り替わって教室と同じように歌ったり踊ったりし始めた。そんなヨウを見て、母は泣いてしまった。同じ教室のお母さんからは、子どもの成長を喜ぶ、感激屋の母と思われたようである。

次の年に幼稚園に入園した後も、音楽教室には通って、グループレッスンを続けた。しかし、4歳児クラス、5歳児クラスと進むにつれて、習う内容も難しくなり、ヨウのやりたいタイミング（気持ち）と、教室の流れが合わないことも増えて、迷惑をかける場面も増えてきた。同じグループの子どもたちやお母さんたちがとても優しくて、温かい気持ちで見てくれたので、参加しづらくなることはなかった。また、担当の先生は3歳児クラスのときと違う先生に代わったが、その先生も、少しこだわりの強い子どものレッスンを担当したことがあり、相談にものってくれた。おかげで、ヨウは音楽教室を続けることができた。

しかし、5歳児クラスが終了する頃には、周りの子との間にだいぶ差がついてきた。そのため、小学校からは個人レッスンに切り替えた。個人レッスンだと、ヨウのペースで進めることができるので、周りに迷惑になることもない。亀のような歩みではあるが、ヨウは中学2年生の冬まで、何とかピアノのレッスンを続けた。

小学校高学年の頃には、音楽の時間や行事のときなんかに、音符を読めるということが、ヨウにとって少し自信になる場面もあった。ヨウは周りの子に比べて、できないことやついていけないことが多いので、そんな場面をみると、母は音楽（ピアノ）を続けていて良かったと思った。さすがに小学校高学年以降には、練習が嫌になって、「ピアノをやって何の意味がある？」といった疑問を母にぶつけたり、「もうやめたい」と言い出すこともあった。

しかし、毎年発表会が終わると「次はあの曲を弾きたいな」などと言う。

結局、中学2年生になるまで、ピアノのレッスンには通い続けた。中学2年生の冬頃に、学校の宿題や定期テストの勉強が大変になってきたため、残念ではあるがピアノのレッスンをお休みすることになった。なお、ヨウのピアノの腕前自体は、レッスンのある日にほんの少し練習するだけなので、全然上達はしなかった。

ことばの教室

3歳児健診から半年以上過ぎた経過観察の相談時に、ようやくことばの教室を紹介された。ことばの教室とは、ことばの発達、発音の問題、話しことばがつまる、コミュニケーションが取りにくい、家では話すが人前では話さないといった、ことばに関する相談や支援のための療育教室である。

母はすぐに教室に連絡した。ようやく（発達）障害についての専門の療育（機関）につながり、母はほっとした。しかし、そのことばの教室もかなり混み合っていたので、月に1回しか通うことができない状態がずっと続いた。母は「もう少し頻繁に通いたい」という希望を1年以上伝え続けた。そして、幼稚園の5歳（年長）児クラスになって、ようやく隔週で通えることになった。月１、２回では、あまり効果はなかったと思うが、母の「何かをしなければ」という焦りは、少しマシになった。

ことばの教室に通う中で、ヨウの遅れの問題が、それほど遅れのない部分と大きな遅れのある部分からなる凸凹な発達からくるものであることがはっきりしてきた。そして、この発達の凸凹については、後々、学習障害的な部分が大きくなってくる。そうした面でも、ことばの発達について、さまざまな側面から確認してもらえたことは良かった。

ことばの教室には、その後も小学２年生の春頃まで通い、ひらがなやカタカナを習得したことで終了となった。小学校に入った後は、再び通える回数も少なくなったが、学校での困りごとを相談できたり、学校に巡回相談に来てもらって、学校の先生にヨウの発達の状況や、かかわり方などを助言してもらえたりと、非常に助けられた。

幼稚園と加配の先生

４歳になったヨウは、オトと同じ市立幼稚園に入園した。入園前の面接で、ヨウには、ことばの遅れがあることなどを話しておいたので、入園時には３対１で加配の先生がついた。３対１というのは、発達の遅れなどがある子ども３人に対して、１人の先生が、クラス担任の先生とは別についてくれるということである。ヨウについてくれた加配の先生は、障害児保育の経験があり、ヨウにかかわりながら、一番伝わるやり方を模索してくれた。例えば、次にやることが描いてある絵カードのような視覚的な手がかりを用意して、次の活動へと促す（視覚支援）といった工夫をしてくれた。

クラスの子どもたちも温かく、特に女の子がヨウに声をかけて、一緒に行動してくれたりした。おかげで、ヨウは幼稚園での生活を何とか過ごせた。「何とか」というのは、この頃、こだわりが強く発現してきて、とても大変だったからである。

1つは服のこだわりである。ヨウは1シーズンにつき、2パターンの服しか受け付けなくなった。そのため、行事のときに幼稚園の制服を着せるのが大変だった。普段の登園では、普通の服（私服）を着ていき、園でスモックに着替える。ヨウはスモックは受け入れていたため、それほど困らなかった。「あの子、いつも同じ服」と思われていたかもしれないが。

しかし、参観、発表会、運動会など何かしらの行事のときは、制服での活動となるため、大変だった。大体、行事のある日は、朝の流れからしていつもと違う。いつもと違うことに、自閉症児は弱い。そして、いつもと違う日に限って制服である。ヨウは、着せた端から制服を脱いでしまう。一番上のボタンだけを留めて、首のところにかろうじて服がひっかかっている状態で、上半身裸のままのヨウを、母が抱っこをして園まで走って行ったのも一度や二度ではない。マンションの廊下やエレベーターで、半裸のまま泣き叫ぶヨウを、鬼の形相で連れ出していた母は、同じマンションの人たちにどのように思われていただろうか。

登園するなり「ヨウ君、どうした?」と他のお母さんや先生から声をかけてもらうも、母はマンションから幼稚園まで一気に走った後で、ぜーぜーと息が上がってまともに答えられない。一方、ヨウは他の子がみんな制服を着ているのを見ると、先生に大人しく袖を通してボタンをとめてもらい、何事もなく部屋に入っていくという、突然の変わり身を見せた。あの大暴れは何だったんだと、どっと疲れる母であった。

4. 障害への気づきと対処

保育園や幼稚園での障害への気づき

「あれは障害の特徴的な行動だったんだ」と気づくような行動が、赤ちゃんのときから見られることはあっても、そうだと気づくのは障害がはっきりした後、ということも多い。ことばがある程度出ていると、2、3歳までは「他の子に比べて無口だな」とか「ちょっと落ち着きがない」とか思うことはあっても、「個性」で片づけられることもしばしばである。

保育園や幼稚園に通い出すと、多動性、衝動性のある子は目立つ。他にも、年齢に比べて幼い、すなわち、ある程度以上遅れがある場合も、集団の中では障害の可能性が見えやすい。多動性、衝動性のある子、また、遅れのある子は、保育園や幼稚園の先生から「気になる」と伝えられることがある。ただし、はっきりと専門機関への相談や病院への受診を勧められることは少ない。また、「気になる」とは言われても、はっきりと障害の可能性を伝えられることも、それほどない。

保育士や幼稚園の先生は、発達障害の専門家ではないので、はっきりしたことがわからない、という面もある。また、よく鼻血を出す子どもについて、保育士が「一度耳鼻科で見てもらったほうがいいかも〜」と伝えたからと言って、「病気呼ばわりされた」という親はあまりいない。しかし、障害に関しては、拒否的な反応を示す親が多い。子どもに障害があることを受け入れるのが難しいために、拒否的にふるまってしまうのは仕方がない。大概の親がそうだろう。ただ、その拒否的な振る舞いが、障害の可能性を伝えた人（保育士や幼稚園の先生）に向かうことも割とよくある。保育園や幼稚園の場合、毎日の送り迎えで、担任の先生と親は顔を合わせる。そんな間柄で人間関係が悪化するのはかなりつらい。そのため、保育園や幼稚園の先生は障害の可能性を伝えにくくなる。

相談窓口が足りない

保育園や幼稚園で、障害の可能性をはっきりと伝えられることが少ないのは、親との人間関係を慮《おもんぱか》ってだけではない。障害の可能性を指摘しても、親からの「それでどうしたら？」という質問に答えられないことが多いのも、はっきり伝えられない理由の一つである。障害の可能性を指摘しても、紹介できる専門機関や病院がわからないと、結局打つ手はない。

　この辺の事情は、地域によっても違っている。関東、関西、名古屋圏などの大都市部では、発達相談センターといった地域の公共の専門相談機関や、大きな病院の発達外来などがある。また、小さな小児科でも、発達相談の看板を掲げていたりする。そのため、「一度専門機関や病院に相談してみたらどうかしら。○○病院には、発達外来っていうのがあるし、□□小児科の△△先生のところでも、発達相談をやってるよ～」といった伝えられ方をすることがある。

　自治体によっては、発達相談センターなどの専門スタッフが、定期的に保育園や幼稚園にやってくる、巡回発達相談があったりする。そうした場合、巡回相談員から、障害の可能性を伝えられることもある。多くの場合、同時に専門機関を紹介される。

しかし、大都市圏以外では、例えば、静岡市のような人口70万人ほどの政令指定都市でも、それほど多くの専門機関や窓口がない。そうした状況では、「気になる」程度では、なかなか専門機関につながらない。より人口が少ない地方になると、その傾向は強まる。

このように、いくつかの理由で、障害の可能性が、保育園や幼稚園から親にはっきりと伝えられにくい。とは言え、多動性、衝動性のある子、また、遅れのある子については、何らかの形で（多くは婉曲《えんきょく》な表現ではあるが）伝える努力がなされる。こうした子どもたちの場合、園でのトラブルが起こりやすい。例えば、他のお友達を叩いてしまったり、集団から外れてぽつんと立っていたり（そして、それを見た親は「うちの子だけどうして独りぼっち？」と感じる）しがちである。そのため、園のほうでも、伝える必要性が出てくることが多い。

一方、ぼんやりはしているが、大人しい子の場合、放っておくといろいろなことができないものの、周りの大人やしっかりした子が手を出すことで、何とかやっている場合がある。助けてもらいながらでも、何とかやっていけている場合、その時点では大きなトラブルにはならない。その結果、年齢相応のことができないという問題は先送りされ、発達障害の可能性が見逃されがちになる。

ヨウのように、問題を親が認識している場合には、保育園や幼稚園では加配の先生をつけてもらえることも多い。医師による（発達）障害の診断があれば、ほぼ確実につけてもらえる。障害の確定（診断）がなくても、親のほうから申し出れば、検討してくれることも多い。ただ、先ほど触れたように、加配は１対１ではなく、３対１とか４対１くらいが普通である。小さな保育園や幼稚園で、クラスに障害のある子が１人だけという場合には、１対１になる。しかし、１クラスに20人以上の子どもがいる場合、通常２〜３人は特別支援対象の子がいる。そして、その場合も、加配の先生は１人である。

保育園や幼稚園は、生活や遊びが中心なので、大人の役割や対応は柔軟にならざるをえない。そのため、加配がついていても、手のかかる子につきっきりになって、あまり手のかからない子は放っておかれる、といったケースもある。また、衝動性が高くて、他の子に手が出てしまうが、親がその問題（発達障害）を受け入れられずに、加配を拒んでいるといった子どもに対して、他の子につけられた加配の先生が振り分けられる、といったことはありうる。

親のすべきこと

発達障害の可能性に対して、一般に親が取る行動の手順として妥当なのは、次のようなものだろう。発達障害を指摘されたら、まず、専門機関や専門の医師を受診する。次に、専門機関や医師のアドバイスを受けて、継続的に相談できる窓口、専門家を確保する。同時に、自分の子どもの障害がどのようなものかを調べる。さらに、保育園や幼稚園で、加配のついている子の保護者と知り合いになる。そうした保護者は、地域の専門機関や利用できる公共サービス、小学校の情報などを教えてくれることも多い。

なお、最初に行った専門機関や病院で、すぐに障害名を告げられて診断されるようなら、おそらく「軽度」ということはない。情報収集や今後のことも考えて、その障害に関する「親の会」に入るというのも手である。また、医師の診断の有無にかかわらず、保育園や幼稚園に対して、加配をつけてもらえるかは相談できる。

病院での受診と診断

病院の受診については注意がいる。保育園や幼稚園、もしくは、地域の保健センターなどの紹介で受診する場合は、発達や発達障害についてわかっている小児科医が見てくれることが多いので、おそらく問題はない。しかし、かかりつけの小児科医や、大きな病院でも飛び込みで受診した場合は、要注意である。基本的に、小児科医は子どもの体（の病気）の専門家であって、発達や（発達）障害に詳しいとは限らない。はっきりと「障害については詳しくないので、わからない」と言って、他の病院を紹介してくれればいい。しかし、「病気ではない」ということで、曖昧なままに終わることもよくある。

医師に「病気ではない」、もしくは、「（専門ではないので）はっきりとは（障害かどうか）わからない」と言われたのを、「障害ではない」と受け取ってしまう親は割といる。それどころか、１軒目の病院で「障害です」と言われたら、他の病院を受診し、「障害ではない」と（受け取れるようなことを）言ってもらえるまで、病院をはしご（ドクターショッピング）する親もいる。

一方で、「障害を治す」ために、次々と医療機関を受診していく親もいる。ドクターショッピングの末に、地域の療育教室に通うとか、応用行動分析とかをやっているような、まともなセラピストに出会うとかして、落ち着いてくれるならばいい。しかし、水晶を体に当てるとか、念を送るといった、インチキなものにひっかかる親もいる。

大学の（心理学部なんかに併設されている）心理相談室なども、注意が必要である。インチキとは言わないまでも、遊戯療法といった発達障害そのものには効果がない心理療法を、発達や障害についてよくわかっていない大学院生が担当していたりもする。

保育園や幼稚園、療育教室での育ち

病院や専門機関での受診の後、継続的に通えるところとして、地域の療育教室を紹介されることも多い。地域の療育教室の内容は、おおかた、ご挨拶→みんなでお歌→リトミックやゲーム→おやつ→終わりの会、みたいな感じである。そのため「（発達）障害への対処にならない」と訴える親も多い。療育教室にせよ、保育園や幼稚園にせよ、発達障害そのものを治すことはできない。また、発達障害の症状や問題行動そのものへの直接的、かつ、意図的な対処も少ない。

しかし、療育教室でのごくごく普通の集団活動（生活）をすることで、他の子に比べて習得は遅いものの、生活習慣、特に身辺自立、は身についていく。身辺自立ができているかどうかは、その後、地域の小学校に進学できるかどうかの分かれ目となるので、ものすごく重要である。

保育園や幼稚園でも同じことが言える。保育園（の保育士）や幼稚園（の先生）は、発達

障害に関しては専門家ではない。しかし、身辺自立や生活習慣の獲得、さらに友達と遊ぶことへの働きかけなどに関しては専門家である。特に、加配の先生がついていると、着替えやトイレなどがゆっくりだったり、失敗しがちな子でも待ってもらえる。自分からは友達の中に入れない子でも、他の子が加配の先生に寄って来るので、自然と他の子とかかわる機会が増える。発達障害への直接的な働きかけは少ないかもしれないが、発達そのものへの働きかけという意味では、「普通」の保育園や幼稚園の力は、なかなかのものなのである。

1　本格的な方法にマカトン法がある。

2　American Psychiatric Association（著），日本精神神経学会（日本語版用語監修）・高橋三郎・大野裕（監訳）２０１４『ＤＳＭ-５精神疾患の分類と診断の手引』医学書院

第4章

小学校入学：

学校と勉強

1．小学校への道のり

就学相談

小学校に入る前の秋に、就学時健康診断というものがある。内容は、多くの場合、入学予定の小学校での健康診断や簡単な面接である。そして、就学時健診のあと、障害がある（と思われる）子については、就学（教育）相談という個別相談を受けるように連絡が来る。ただし、小学校入学の前に保護者が障害を認識しており、幼稚園や保育園で加配がついていたりする場合には、順序が異なることも多い。そうした場合、だいたいは就学時健診の前（夏前くらい）に、幼稚園や保育園を通して、就学相談の申し込みのお知らせがある。我が家の三男ヨウの場合、初めから特別支援級を考えていたので、就学時健診の前（夏前）に就学相談を申し込んだ。

就学相談にはヨウと父、母で出かけた。父と母は担当者（たぶん教育委員会の人）と相談し、ヨウは隣の机で検査者と発達検査を受ける、といった形だった。発達検査って何をするのかな～と見ていると、新版K式発達検査であった。この検査は、父も母もイギリスに行く前に、幼児健診や発達相談に携わっていたころにも使っていたものだった。

知能検査や発達検査の多くは、複数の課題（問題）が組み合わされて、1セットになっている。検査の様子をうかがっていると、すべての課題を使って検査するのではなく、検査セットの中の一部の課題を選んでやっていた。確かに、新版K式発達検査は、割と自由度が高い発達検査なので、いくつかの課題を選択して、その子の弱いところを確認するといった使い方が可能である。しかし、初めて会った子どもに検査をする場合、発達のどのあたりが弱いのかといったことがわからない。そのため、課題の選択は難しい。

就学相談の場合、ヨウと検査者は初対面で、これまでの情報もない。案の定、全般的な発達（何歳程度の知能の水準なのか）もぼんやりとしか捉えられていない。どんな側面が弱いのかについても、ほとんど把握できていない。単に「お子さんには遅れがあります。普通学級よりも、特別支援級のほうが合ってますよ」という話に持っていくための材料作りに過ぎないような感じだった。

ヨウのように、夏くらいの早い時期に就学相談を受けているのは、保護者のほうから、就学相談を申し込んでいるケースである。つまり、保護者がもともと、特別支援級や特別支援学校への進学を検討している。そうした親の多くは、子どもの遅れや障害に対して、特別支援級では、どのように対応してもらえるのか、そして（普通学級に比べて）どのような教育効果が予想されるのかを知りたい。しかし、ヨウの就学相談では、そうした期待は裏切られた。そして、小学校入学後には、特別支援級だからといって、発達の遅れや障害への有効な対応や教育方法が用意されているわけではなく、担任の先生の才覚にお任せであることが、次々と明らかになる。

秋の就学時健診で引っかかって、就学相談に回ってきたというケースだと、保護者が特別支援級へ入れることに抵抗する可能性はある。そうした場合には、特別支援級を勧めるために、発達の状態や弱い側面を示し、普通学級での難しさを説明しないと納得してもらえないだろう。しかし、そもそも、説明する側が、きちんと発達を捉えられていないようでは、十分に説明できるわけもない。

就学時健康診断

幼稚園や保育園で加配がついていたりする場合には、夏前に就学相談のお知らせがあることが多いが、それ以外にも、地域の小学校（の特別支援級）や特別支援学校の見学の案内が来ることもある。また、療育教室では、発達障害についての勉強会を、保護者向けに開いていることもある。そうした勉強会では、特別支援学校や地域の小学校の特別支援級の様子などを知ることができたりする。早いところでは、４歳（幼稚園や保育園の年中）の間に、段階的にアナウンスがあり、幼稚園や保育園の年長（最終学年）の春に、学校見学や体験会があったりする。

話を就学時健診に戻す。健診では、まず、身長・体重や健康状態のチェックがある。それから、簡単な面接がある。面接とか面談といった、やわらかい言い方がされていることが多いが、要は簡易な知能検査である。といっても、本格的なものではなく、「今日は誰と一緒に来たの？」等の簡単な質問に答える、示された見本の通りに三角形や四角形を描く、いくつかの絵の中から言われたものを指さす、といったものである。質問や指示に答えられるかだけでなく、面接（検査）の間、じっと座っていられるか、質問を黙って聞けるか、検査用具なんかを触らずにいられるか、といった点を見る。なので、多動の子はひっかかりやすいし、知的な遅れのない自閉の子はひっかかりにくかったりする。

その後、多くの子は何も連絡がないか、あっても、異常なしとか、虫歯の指摘くらいのことが多い。病気や体の異常が見つかった場合には、もちろん病院への受診などが勧められる。そして、一部の子どもには、教育委員会から就学相談のお知らせが来る。就学相談は「発達の状態（要するに遅れ）や障害によって、特別な教育的支援が必要な子どもの就学先決定のための相談」といった説明がされることが多い。ぶっちゃけ「お子さんには障害がありますけど、普通学級に行きます？」ということである。

障害のある子の場合、進学先は、近くの小学校の普通学級か特別支援学級、もしくは特別支援学校となる。ある程度以上、知的な遅れが大きい場合には、特別支援学校を勧められることが多い。が、現在、特別支援学校はかなり混み合っている。なので、ヨウのように遅れがそれほど大きくなく、障害（自閉症）による問題や困難も極端に大きくない場合は、特別支援学校を勧められることは少ない。

ちなみに、それまでに自治体の発達支援センターなどで、繰り返し相談を受けて、（特別支援学校や特別支援級の）学校見学なども行っており、入学先が決定されているような場合には、就学相談を受けないケースもある。

知能検査と発達検査

発達障害は、原因がはっきりしないため、原因からではなく、行動や情緒の状態（症状）から診断することを第3章（2．自閉症の定義）で触れた。とは言え、診察室の中での子どもの様子を見ても、障害の有無やどんな障害なのかは、わからないことが多い。ヨウは、診察室の中では、母の膝の上で（若干、固まりながら）大人しく座っている。すごく緊張しているということしかわからない。

そこで、子どもの行動の特徴を調べるための検査（方法）として、さまざまな心理検査が開発されている。特に頻繁に用いられるのは、知能や発達の状態を調べる知能検査や発達検査である。これは、どんな発達障害であれ、知能の遅れがあるのかどうか、また、知能のどんな面に遅れがあるのかが、かなり重大だからである。

一方で、知能（検査）について、世間での誤解や拒否感といったものがある。そして、誤解や拒否感の原因の一つに、検査者の質の問題がある。そこで、知能検査や発達検査について、特に、誰がどんな資格で検査を行っているのか、そして、そこにどんな問題が潜んでいるのかに触れておきたい。ここから次節まで、ヨウの話から離れるが、知能検査や発達検査をむやみに毛嫌いせず、一方で、その結果を鵜《う》呑《の》みにしないためにも、知っておいていただきたいことなので、どうかお付き合い願いたい。

知能って何？

知能検査や発達検査には、多くの種類がある。よく使われるものとしては、ＷＩＳＣ－Ｖ

（ウェクスラー式知能検査の児童用）、田中ビネー知能検査Ｖ（ビネー式知能検査の一種）、新版Ｋ式発達検査２００１（最新版は２０２０。Ｋ式発達検査は日本の一部地域でしか使われていない）といったものがある。これらは、検査者と子どもが向かい合って行う、個別式の検査である。小学校高学年以降の字が読める子どもや大人に対しては、教室などで一斉に行える集団式のものもある。

　ところで、数多くの知能検査が開発されているにもかかわらず、驚くべきことに、「知能」とは何かについて、統一された見解はない。知能とは何かということについて、心理学（の業界）では、ずっと議論が続いているが、結論は出ていない。研究者によって、さまざまに異なる知能の定義は示されている。しかし、それは研究者ごとの知能観に過ぎない。さすがに「知能」のような基本的な概念が、全く定義されていないと困る。妥協案として「知能とは知能検査で測ることができるもの」という定義になっている。

　つまり、「知能」とはどんなものかわからないのに、知能を測る道具としての知能検査はあり、さらにその知能検査で測ったものが、知能ということになっているのである!!　かつて、自衛隊のＰＫＯ派遣について、「自衛隊の行くところが非戦闘地域だ」と答えた首相がいた。同じくらいの珍回答である。この論理なら、体重計に「重力式知能検査」という名前を付ければ、体重＝知能になってしまう。確かに、赤ちゃんから大人まで体重を測れば、多くの場合、体重が重いほど知能は高い。ただし、それは一般的に、成長（年齢）とともに体重は増えるし、知能も年齢とともに高まっていくために過ぎない。

もちろん体重＝知能といったような、あまりにも素っ頓狂な定義や概念に基づいた知能検査は、作っても普及しない。ただし、一般によく使われている検査も、基本的には、その測定結果が役に立つから普及しているに過ぎない。その検査が背景とする理論や拠《よ》って立つ概念が、絶対に正しいとは言い切れない。ここで重要なのは、普及している知能検査の場合、理論上の正しさはともかく、実用上は役に立つということである。少なくとも、その測定結果は、発達の（遅れの）状態を把握するとか、どの側面に弱点を抱えているのかを推測する手がかりを得る、といったことのための道具としては役に立つ。とは言え、あくまで道具であるので、使いこなせないと、その威力は発揮できない。

誰が検査しているか

普及している知能検査や発達検査は、マニュアルを見れば、誰でも、ある程度は実施できる。とは言え、マニュアルを読んだだけでは、実施できても、検査結果（数値）を出せるだけである。その数値が意味していることを解釈し、その子の抱えている困難や問題をどのように解決していくかを考えることは難しい。検査結果の解釈や問題解決には、専門的な知識と経験が必要になる。発達障害の子どもに対する知能検査（発達検査）の実施に関しては、発達心理学、認知心理学、心理統計、（発達）障害の基本的な知識は必須だろう。さらに、使用する検査が背景としている理論、検査を実施する目的に関連する制度（就学相談なら、学校教育や特別支援教育）の知識もいる。また、その検査の使用経験だけでなく、実際にさまざまな年齢の子どもとの触れ合いや観察、さまざまな（発達）障害を見た経験が必要だろう。さらに、そのとき実施する検査以外の検査経験もあったほうがいい。

読者の皆さんは、検査をする人は、そうした専門知識や経験を持っているはずだ、と思われるかもしれない。しかし、そうではない現実がある。そもそも知能検査を始め、心理検査を行うのに必要な資格といったものはない。心理検査だけではなく、「心理のお仕事」全般に関して、資格が必要なものはない。そのため、検査者の知識や技術への保証はほとんどない。明らかに能力不足の検査者が従事している可能性は、残念ながら否定できない。

２０１７年に、「公認心理師」という心理の国家資格ができた。しかし、この資格は「名称独占」といって、資格を持つ人だけが公認心理師を名乗ることができるというものである。

資格を持っていないと、公認心理師を名乗れない。しかし、資格がなくても、心理検査の実施や心理面接、心理療法といった業務を行うことはできる。ちなみに、保育士も名称独占の国家資格である。なので、保育士でなくても、子どもの保育をすることはできる。近所の子を預かるのに、資格はいらない。一方で、保育園の職員募集、特に正規やそれに準ずる場合には、保育士資格が必要なことがほとんどである。こうした運用によって、保育士は「名前だけの資格」というわけではなくなっている。名称独占の資格の場合、（保育士のように）仕事上ほぼ必須の資格なのか、本当に名前だけなのか（持っていても、仕事上でそれほどメリットはないのか）は、資格によりけりである。

一方、資格がないと、その行為をできないのが「業務独占」の資格である。業務独占の仕事としては、医師がある。多くの医療行為は、医師しかできない。「この子は自閉症です」というような診断は医療行為に当たるので、医師にしかできない。

心理の専門家として、臨床心理士という名称を聞くことが多いだろう。この資格は、おそらく、日本で最も権威のある（臨床）心理学の資格である。ただし、この資格は日本臨床心理士資格認定協会という民間団体が出している資格であり、公的な資格ではない。言うなれば、英検（実用英語技能検定）のようなものである。それなりに信頼が置けるけれども、民間資格に過ぎないとも言える。英検を持っていないと、英語をしゃべっちゃダメとか、英語を使う仕事につけないわけではない。

そのため、心理検査の検査者を始め、心理の現場には、いろいろな資格を持つ人（たまに、何の資格も持っていない人）がいる。そして、心理職養成のための教育を受けてきたわけではない人も大勢いる。例えば、大学などでは心理学を勉強してこなかった（もしくは、心理職養成のための教育を受けてこなかった）が、医療、教育、福祉などの分野で就職し、心理検査や相談業務に携さわるようになったという人はかなり多い。もちろん、大学や大学院で心理学を専攻していなくても、自分で勉強して、ちゃんとできている人もいる。しかし、独学で専門的な学問分野を学ぶのはなかなかに難しい。

学校の価値の１つは、何をどんな順番で学べばいいかを、学校が用意してくれることである。学校の用意したカリキュラムに乗っかると、それなりの努力をしさえすれば、一定の学びが得られる。また、心理学の場合、心理学実験や心理検査演習のような科目が、非常に重要である。実験や検査演習を独学で学ぶのはかなり難しいが、まともな大学の心理学専攻に入れば、一通り学ぶことができる（ただし、心理学専攻を名乗りながら、こうした科目がない、もしくは必修になっていない大学も結構ある！）。

何らかの心理関係の資格を持っているとしても、油断はできない。民間資格というのは、誰でも出せる。例えば、あなたが、今日いきなり「スーパー心理鑑定士」という資格を作って、「5千円払ってくれれば、『スーパー心理鑑定士』の資格が得られます」ということもできる。実際、心理学を名乗る資格の中には、数時間程度の講習を受けるだけで取得できるようなものもある。もちろん、そんな資格に何の意味もない。普通は、心理検査を取るような職には、採用されないだろう。

しかし、専門職が不足しているような状況や地域では、そもそも資格を云々していられない。また、臨床心理士のような、かなりまともな資格を持っている人といえども、知能検査や発達検査を、きちんと取ることができないことが多いという現実がある。

臨床心理士なら安心?

割とまともな資格である臨床心理士の場合、民間資格ではあるが、バックには日本の心理学系の学会で、最大の会員数を誇る心理臨床学会がいる。臨床心理士資格を取るには、（日本心理臨床学会の関連団体である）日本臨床心理士資格認定協会が実施する資格試験に合格する必要がある。そして、この試験の受験資格は、臨床心理士養成を行っている大学院（修士課程）の修了である。臨床心理士養成のカリキュラムには実習も含まれており、単なる座学だけで取ることのできる〝なんちゃって資格〟とは比較にならないほど、きちんとしている。また、大学院を修了するには、ほとんどの場合、修士論文を書く必要があり、それなりに勉強する必要がある。

一方で、臨床心理士養成カリキュラムのある大学院に入るのに、出身の学部は問われない。経済学部出身でも、農学部出身でもかまわない。もちろん、心理学を専攻している必要はない。

大学院に入るためには、入試（大学院入学試験。通常、院試と呼ばれる）がある。院試の科目は、専門科目、英語、面接であることが多い。専門科目は心理学に関するものなので、建前上は、大学院入学時点で、一定の心理学に関する知識（学力）を持っているはずである。しかし、実際には、院試がそうした機能を果たしていない場合は多い。その理由は３つある。

１つは大学院を作りすぎて、入試の倍率が下がり過ぎていることである。１９９０年代以降、臨床心理学（臨床心理士）の人気に目を付けて、多くの大学の経営陣が、臨床心理（士養成）の大学院を増設した。そのせいで、大学（のブランド）を選り好みしなければ、学力や専門的な知識にかかわらず、大学院への入学は可能になっている。要するに、大学院に入るのはさして難しくない。

２つ目の理由として、日本の臨床心理学、特に臨床心理士（養成のカリキュラム）は、一般的な心理学のカリキュラムや知識と切り離されていることがある。そもそも大学院では、（建前上は）大学院レベルの、かなり専門的な内容を学ぶことになる。臨床心理学の場合、精神分析とか応用行動分析といったような、各流派の理論や技法を学んでいくことになる。本来は、それらを学ぶにも、基礎的、概論的な心理学の知識や理解は必要である。しかし、現在の臨床心理士養成の大学院のように、学部での専攻を問わない、そして、院試が機能しない（誰でも入れる）状況では、基礎的な心理学の知識や理解が抜けたまま、偏った専門分野だけを学ぶということが起こりうる。

先に述べたように、近年、公認心理師という国家資格ができた。こちらのほうは、学部と大学院修士課程の両方で、既定の科目の単位を取らなければ、国家試験の受験資格が得られない。実質、受験資格を満たすには、大学においては、心理学科や心理学部といったところで、心理学を専攻する必要がある。この国家資格が使いものになるかは、現状ではわからない。しかし、学部段階から心理学を専攻していないと取れないような資格になっているのは、心理学の基礎を知らない臨床家が増えることを防ぐという側面はあるだろう。

3つ目の理由は、大学院では、精神分析とか応用行動分析といった、各流派の理論や技法を学ぶということである。そもそも心理療法は、基礎的な心理学の研究成果を経て出てきたものは少なく、臨床現場の中で、その流派の創始者が試行錯誤を経て、生み出したものが多い。その結果として、大学院でのカリキュラムは、臨床心理学のカリキュラムではなく、○○療法の（セラピストを養成する）カリキュラムになりがちである。

かくして、大学院で臨床心理士養成のカリキュラムを経て、臨床心理士資格を取った場合でも、○○療法の専門家ではあるが、発達や障害はもちろんのこと、心理学自体についてもよくわかっていない、ということが起こりうる。臨床心理士を名乗っていても、出身の大学院が、子ども（特に乳幼児）や発達障害を中心的に扱っていなかった場合、知能検査をきちんと取れる可能性は低い。

今後は、新しくできた国家資格である公認心理師が増えてくると思われる。ただし、公認心理師も、大学院に関しては、臨床心理士養成をやっているところが、公認心理師・臨床心理士を両方取れるという形にしているところが多い。なので、大学院のカリキュラムについて、それほど大きな変更は望めないだろう。公認心理師については、大学（学部）で心理学を専攻することが前提なので、今後、その効果を見極めることになる。ただし、学部＋大学院（修士課程）のカリキュラムを経て、公認心理師資格を取った人が現場で多くを占めるのは、当分先になる。

2. 小学校入学

ひらがながわからない！

話をヨウに戻そう。就学相談の場でも、自宅近くの小学校の特別支援級への入学を希望し、受け入れられた。可能であれば、いくつかの教科を普通学級で受けるということだった。ちなみに、特別支援級に在籍する児童が、教科や活動によって参加する普通学級のクラスのことを交流級と呼ぶ。入学して最初の1学期の間は、ヨウは交流級にはあまり行かず、主に特別支援級で授業を受けることになった。

そんなヨウにとって、小学校での最初の壁は、ひらがなだった。小学校入学前から通っていることばの教室でも、5歳後半からは、ひらがなの勉強が始まっていた。しかし、そこでも、ほとんどひらがなを覚えられないまま、小学校に入学することになった。

ひらがなを読むためには、まず、ことば（単語）を一つ一つの音に分けることができなければならない。「りんご」ならば、「り」「ん」「ご」という三つの音に分けることが、ひらがな習得の第一歩である。その上で、ことば（単語）を分解した、それぞれの音に対応する文字があることを理解して、文字を覚えていく。

ことば（単語）が、いくつかの音の組み合わせでできているのがわかることを、音韻《おんいん》意識という。子どもが音韻意識を持っているかどうかは、その子と、しりとりをしてみると簡単にわかる。「りんご」という言葉に続けてしりとりをするためには、まず、「りんご」の最後の音である「ご」を取り出す。そして、最初の音が「ご」のことば（例えば「ごりら」）を思い浮かべなければならない。しりとりができるということは、ことば（単語）の音を一つずつ認識できており、その子どもが音韻意識を獲得していることを意味する。なお、しりとりは、子どもの音韻意識を伸ばすのに適した課題でもある。

ヨウは、ことばの教室で、音韻意識を伸ばすような「しりとり」や「ことばすごろく」といった課題をやってもらった。そうした課題は、割とすぐにできるようになった。その頃、ヨウは仮面ライダーウィザードにはまっていた。自分の好きな仮面ライダーのキャラクターの絵（写真）の下に名前が書いてあると、指をさしながら（キャラの）名前を言ったりと、ことばへの興味もある。まるで、読めているように見えることも、しばしばあった。しかし、実際は、ロゴを覚えるような感じで、キャラの名前全体の形で判別していただけで、一つ一つの文字が読めているわけではなかった。小学校入学前に判別できていたのは、自分の名前の文字ぐらいだったようである。

小学校に入学して、読み書きの学習が始まった。しかし、ヨウは「い」や「り」のような簡単なひらがなも、なかなか覚えることができなかった。学習プリントで、ひらがなを手本通りに写すことはできた。しかし、自分で文字を書くことはできない。読むことができるのも、いくつかの文字だけである。国語の教科書は読んでみせるが、実は文字が読めているわけではなく、文章が短いので、丸暗記しているだけということもあった。国語の教科書を持って、音読（のふり）をする。「もしかして読めるようになった？」と周囲に思わせるが、初めて見る文だと読めない。

ヨウの場合、文字の習得が難しい理由がなかなかわからず、効果的な学習方法が見つからなかった。もちろん、ヨウに限らず、発達障害の場合、学校での勉強にかかわるような（障害の）特性は、最初からはっきりとは表れないことが多い。幼児期には、全体的な遅れとして表れたり、遅れはないのにやりとりが難しいなど、はっきりしないことも多い。発達検査をフルで受け、その特徴から得意不得意を読み取ることで、学習上の困難やその対処法を見つけることができる場合もある。しかし、幼児は文字の読み書きができないという前提があるので、幼児期の発達検査には、文字の読み書きに関する直接的な課題は入っていない。そのため、文字の学習について、検査はいつも手がかりを与えてくれるわけではない。

ヨウの文字習得の遅れの原因（の一つと考えられるもの）は、ことばの教室の先生が見つけてくれた。小学校に入った頃のヨウは、発音が少し不明瞭だった。例えば、「い」と「り」の発音を区別できていないので、文字を読むときにも「い」という文字を「り」、「り」という文字を「い」と発音し、文字の区別がつかないということが起こっていた。

例えば、先生が「り」「ん」「ご」と文字を読んで、ヨウが「り・ん・ご」と復唱することはできる。これだけを見ると、一つ一つの文字を発音できているように見える。しかし、絵カードを見せて「これは何かな？」と尋ねてものの名称を言わせると、ヨウには言い分けることのできない文字が多数あった。とりわけ顕著だったのが、いの段の音だった。「い」も「き」も「し」も、ほとんどが同じような発音になってしまっていた。

ヨウはそれまでもしゃべり方が若干幼いと思われてはいた。しかし、3歳以前のほとんどしゃべれなかったころに比べれば、上手になってきてはいた。他の子とは比べものにならないとはいえ、父も母もヨウの成長がうれしくて、発音については問題にしていなかった。そうした中で、実際には、ものの名前を違う音で覚える間違いが頻発していた。

そこで、文字とものの絵をマッチングさせる作業から、やり直すことになった。まずは「あ」の文字の下にアイスクリームの絵、「い」の文字の下にイスの絵といったように、ひらがなの下に絵が描いてあるカードを「アイスの『あ』」「イスの『い』」と言えるようにする。次に、表には文字が、裏には絵が描いてあるカードで、表の「い」の文字を見て、「イスの『い』」と言ったあと、カードを裏返して確認することで、絵と音をマッチングさせる。そして、段々とヒントを取り除いていく。そのやり方がヨウには合っていたようで、次第に文字の区別ができるようになり、1年生の終わりには、ひらがなが読めるようになった。

小学校のことばの教室は、数校に一つ（一教室）設置されてる。そこに週1回程度行って、ことばや社会性の学習をフォローしてもらう。送り迎えを親が行う必要があるので、共働きだったりすると仕事を休まなければならなかったりと、かなり負担は重い。そうしたこともあり、ことばの教室は、ヨウがひらがなとカタカナを一通り読めるようになった時点で、終了することになった。そして、1年生の終わりころには、ひらがなの読みがスムーズになったことで、ヨウはマンガを読み始めた。

マンガとゲームの威力

マンガは、基本的に、絵と登場人物のセリフでストーリーが進む。そのため、文字が読めなくても、何となくわかる部分もある。さらに、小学校低学年向けのマンガは、漢字にフリガナがふってある。ストーリーもそんなに難しくはない。ひらがなが読めれば、なんとか読み進めることができる。

1年生の終わり頃に、ひらがなが読めるようになってきたヨウは、小学生向けマンガ雑誌の「コロコロコミック」を読み始めた。コロコロコミックには、ヨウが当時アニメで見ていた「ポケットモンスター」も連載されていたので、手を出しやすかったのだろう。また、コロコロコミックには付録がついている。すぐに飽きてしまうのだが、本屋さんに平積みになっているときの付録（のついた雑誌）は、小学生男子を引き付けてやまない。

コロコロコミックを読み始めた頃には、ヨウは、知っているアニメのキャラクターが登場するマンガを中心に読んでいて、同誌に掲載されているマンガを全部読んでいるわけではなかった。一方、同じく、コロコロコミックを毎号愛読していた1歳年上の次男オトは、ほぼすべての連載作品を読んでいた。オトがギャグマンガで爆笑しているのを見て、ヨウも、それまで読んでいなかったギャグマンガを読み始めた。

ストーリーマンガは、セリフをある程度読み飛ばしても、絵を眺めることで、話の流れを理解できたりする。一方、小学校低学年向けのギャグマンガでは、キャラクターの変な顔といった、絵のインパクトだけで笑える部分もあるが、おやじギャグのようなことば遊びも多い。おやじギャグの多くはダジャレで、音の関連性でできている（「ふとんがふっとんだ！」など）。そのため、瞬間的に文字を音にして、さらに「ふとん」と「ふっとん（だ）」のような、ことば同士の音と意味を理解して、両者の比較ができないと笑えない。つまり、おやじギャグ的なものを笑うには、文字を正しく、素早く読める必要がある。ギャグマンガのおやじギャグやダジャレを読むことで、ヨウのひらがなを読む能力は急速に覚醒した。

ところで、ヨウの兄たちは、マンガだけでなく、ゲームも大好きである。ヨウより7歳年上の長男セイのやっているゲームは、ヨウには難しすぎて、それほど興味が持てなかった。一方、次男オトのやっている、割と単純なアクションゲームには、ヨウも興味を惹かれた。しかし、ヨウにはゲーム機の操作が難しい。小学校に入ったくらいの頃は、ゲーム機の電源を入れたあとに画面上に出てくる「スタート」とか「むずかしさ（難易度の設定）」といった文字が読めないために、ゲームが始まるまでの手順がよくわからない様子だった。

それに加えて、ヨウはなじみのないものには、なかなか手を出さない。食べ物でその傾向が激しいが、マンガやゲームでも同様である。あるとき、コロコロコミックに、「星のカービィ」のゲームが特集されていた。星のカービィは、コロコロコミックにマンガが連載されていたので、読者であるヨウにとって、なじみがある。星のカービィのゲームソフトを買ってもらうと、気に入ってやり始めた。

ちょうどその頃、ヨウはひらがなを習得したこともあり、急速にゲームの操作ができるようになってきた。Ｎｉｎｔｅｎｄｏ ＤＳのスイッチを入れて、初期操作をして、ゲームを始め、セーブしたり、ゲームオーバーになると、セーブしているところから再開したりといったことができるようになった。簡単なことだが、それまでは、ゲームを始める状態まで、オトに操作してもらっていた。自分でできるようになったことで、ヨウの世界が広がった。

ゲームとおしゃべり

ひらがなが読めるようになってきたタイミングと、マンガで見たなじみのあるキャラクターが登場するという要素が重なって、ヨウはゲームができるようになった。ゲームができるようになったことで、オトとゲームの内容について、会話をするようになった。ゲームをしながらの会話だと、画面の状況に合わせて、タイミングよくしゃべらないといけない。ゲームをしていないときだと、何のゲームや何のキャラクターについて話しているのかを、相手にわかるようにしゃべらないといけない。

それまでのヨウのおしゃべりは、自分の視点からのみ話されるので、ヨウの興味や最近のできごとを把握していなければ、わからないことも多かった。しかし、ゲームについてオトと会話をするようになって、ヨウのおしゃべりは、テンポやタイミングが良くなり、話のテーマが見えやすくなった。

とは言え、ヨウの会話は、やはりわかりにくいことが多い。小学校高学年以降、ヨウは母と一緒に恋愛ドラマを見るようになった。中学生になった今でも、突然、わけのわからないことを言い出し、よく聞いてみると、数日前に見た、月９のドラマの話だったというようなことがよくある。

マンガを描く

マンガを読んだり、ゲームをするようになると、ヨウの遊びのヴァリエーションがさらに広がった。マンガを描きはじめたのである。次男オトが４コママンガっぽいものを描いているのを見て、ヨウもマネをし始めた。描いているもの自体は、棒人間となぐり描きの組み合わせで、ストーリーや構成はほとんどない。とは言え、ヨウの中に、ある種のプランというか、○○を描こうという意思や、ストーリーを考えてから描き始めるという創造性、もしくは想像（イメージ）があることが、ヨウの描いたマンガからわかってきた。ただし、ヨウはあるパターンの作品（？）を一つ描くと、ほぼ同じ内容のマンガを、いくつも描き続ける。そして、その内容や描き方はどんどんパターン化していく。こうした行動のパターン化は、自閉症らしいところである。

ところで、次男オトは手先が不器用である。中学生になった今でも、それほど器用ではないが、小学校に入る前は、オトのことを協調性運動障害だと父と母は思っていた（し、実際にそうだろう）。そんなオトなので、マンガを描いても、同年齢の子と比べて、上手とは言えない。オトが描く絵はほぼ全て棒人間で、やたらセリフとト書きが多い。絵が上手く描けないので、キャラクターを配置して、あとは言葉で説明していくスタイルである。もはや、マンガにする意味もあまりない。

ただ、オトはちょっとぽっちゃりした体形に、愛嬌のある顔立ちで、あまり賢そうに見えないのに、理解力や構成力は高かった。絵はかなりアレな感じだが、多くのマンガはちゃんとストーリーがあり、オチもある。

三兄弟のマンガと絵

三男ヨウ（小2）のマンガ

ヨウが最初の頃に描いていたマンガ。
ストーリーはよくわからない。

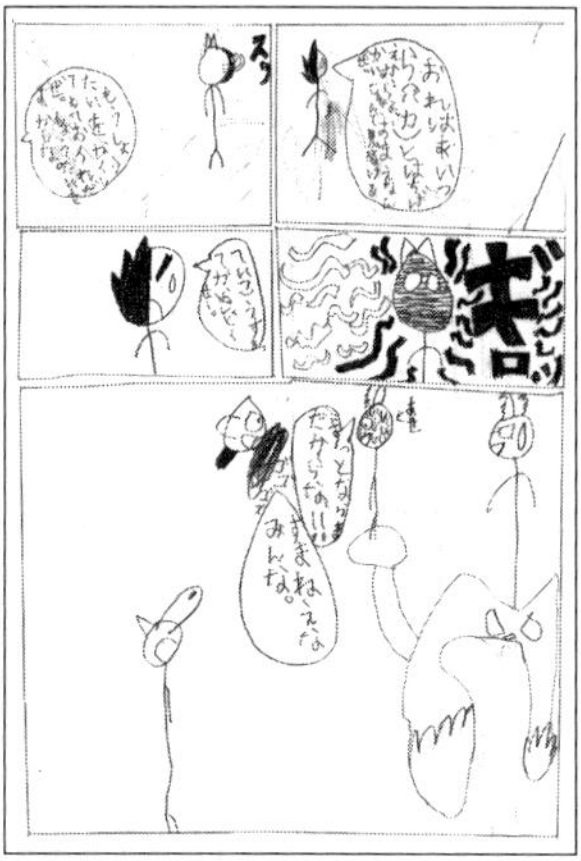

三男ヨウ（小3）のマンガ

キャラが描き分けられ、
マンガ的な効果も入っている。

長男セイ（小2）のイラスト

器用なセイがフリーハンドで描いた
ポケモンのキャラ。

次男オト（小2）のマンガ

不器用なオトのマンガは
コマのほとんどがセリフ

出所：筆者提供

不器用なオトに対して、長男セイは器用である。手先もそうだし、運動も走ったり跳んだりから球技まで、人並み以上にこなす。絵に関しては、3、4歳から「てれびくん」といった幼児向けのマンガ雑誌の絵を、上手に写していた。小学校に入るころには、イラストをかなりの精度で模写できるようになり、キャラクターによっては、フリーハンドで描いていた。イギリスにいたときも、ポケモンなんかを上手に描くので、イギリス人の同級生に人気だった。ただ、セイは、マンガはあまり描かなかった。模写のたぐいは上手だが、セイはオトに比べて、創造性や構成力が低い。お手本があったり、やり方が決まった課題は器用にこなせるが、応用とか新しいアイデアを形にするのは、オトに比べて苦手である。

ヨウは、7歳年が離れているセイの影響を受けることはあまりなかった。一方、1歳しか年が離れておらず、常に一緒に行動しているオトの影響は絶大で、ヨウのマンガは、ほぼオトの描くものを踏襲していた。ただ、ヨウには、オトほどの創造性や構成力がなく、文字や文も上手に書けない。そのため、ヨウの描くマンガは、オトの描くマンガに比べて、ストーリーがよくわからなかったり、パターン化したものが多い。

一方で、最初はオトのマネをして、棒人間のような絵を描いていたヨウだが、いつのころからか（上手とは言えないものの、見分けがつく程度には）オトよりも上手に、キャラクターを描き分けるようになった。

マンガ家になりたい

小学2年生になる頃まで、ヨウはあまり絵を描いたり、工作に興味を示したりしなかった。幼稚園で描いた絵や工作を持って帰ってくることはあったが、大部分を先生に手伝ってもらったであろう作品が多かった。そんなヨウが、自分からマンガを量産するようになり、描いたものを父や母に見せに来るようになった。自閉症の子は、一般的に、自分の作ったものや見つけたものを、周りの人に見せに来るということが少ない。ヨウも上の兄二人に比べて少なかった。そのため、父と母は、ヨウが自作マンガを見せに来るたびに、（内容はよくわからなかったり、あまり笑えないことが多いが）褒めていた。そうすると、そのうち、なんだか調子に乗り出して、「大人になったら、マンガ家になりたい」と言い出した。

「マンガ家になりたい」と言い出す前のヨウは、「ピアノの先生になりたい」と言っていた。たぶん、「ピアノの先生になりたい」というのも、週1回のピアノ教室に行くと、いつも「上手に弾けた」とか「今日は頑張った」と、ピアノの先生に褒めてもらえるからではないかと思う。つまり、ヨウは意外と調子に乗りやすい人なのである。

調子に乗りやすいという点では、ヨウはセイと似ている。しかし、何でも器用にこなせるセイと違って、自閉症と発達の遅れがあるヨウは、勉強も運動も、頑張ってもなかなかできない。一方で、自閉症の特徴として、一定のパターンを繰り返すのは得意、というよりも症状としてある。そのため、ヨウは、三兄弟の中で唯一、学校から帰って一休みしたら宿題をするという習慣を獲得し、小学生の間は維持されていた。

自閉症の症状の一つは、こだわりである。ヨウの宿題についての習慣も、「学校から帰ったら、まず、宿題をやらなければならない」というこだわりをベースにしている。このように、こだわりはポジティブに働くこともある。しかし、多くの場合、厄介《やっかい》なことが多い。幼児期のヨウのように、同じ服しか着ないといった形で表れたり、他の行動に切り替えることが難しいといった形で表れたりする。ヨウの場合、仮面ライダーウィザードをきっかけに、会話ができるようになったことに始まって、マンガやゲームを通して、ひらがなを読めるようになったりしたことは、こだわり行動を用いてなしとげられた。

一方で、父と母は、ヨウのこだわりが固定したり、激しくなったりすることを心配していた。そのため、できるだけ「しょうがないなあ～」とか、「このくらいでいいか～」といった感じで、ヨウのこだわりをうやむやにするようにしてきた。その結果、小学校高学年になるころには、ヨウのこだわりは、以前と比べればマイルドになってきた。それでも、ヨウ自身が「次はこうなるだろう」とか、「ここまで来たら完成」と思っていたことに対して、そうならなかったときには、動けなくなることがある。しかし、いつもと違うことや自分の思い通りにならないことがあっても、「まあ、いいか〜」とスルーできることも増えてきた。そのため、「こだわりが強い」といったふうに見えることは少なくなり、一見、自閉症っぽく見えない感じにはなってきている。

一方で、自閉症特有のかっちりした感じや、決まったことを決まった通りにやるという面も失われつつあり、宿題をきちんとやるという素晴らしい習慣も失われつつある。中学生になった今では、ヨウは面倒くさければ、宿題をさぼる普通の中学生になってしまった。

「わかる」と「できる」

3年生になると、ヨウは算数と国語以外の授業を、交流級（普通学級）で受けるようになった。とは言え、ヨウには授業を理解することが難しいことも多い。特に難しいのが、社会のような科目である。例えば、モンスーン気候という概念を扱う場合、「モンスーン気候とは、強い季節風に支配される気候で……」といった説明がされる。もちろん、具体例が示されたり、図や写真を用いたりして、子どもがわかるように工夫がされている。多くの子どもは「ふんふん。そうなんだ～」と、とりあえずわかった気になる。しかし、授業で一度説明を聞いただけでは、ヨウには一体何の話をしているのかが、いまいちわからない。授業で取り上げられた概念なんかをヨウが理解するためには、いろいろな問題を何度も解く経験が必要である。何度も問題を解くために、考えたり、(教科書や資料集を) 調べたりしているうちに、具体的な感覚として、「教科書に書いてある『このこと』や、授業で先生が言っていた『あのこと』は、こういうことなのか～」というふうに理解できたり、知識が定着したりすることが多い。

ヨウが学校の授業についていくためには、次のような手順が必要である。まずは、簡単な問題を解説してもらいながら解く。これによって、何となくやろうとしていることを掴む。そうした上で、先生の説明や授業を受けると、ヨウはようやく、何をやっているのかがわか(ったような気にな) る。その後は、他の子と同様に、問題を解くことで、その理解を定着させる。ただし、他の子の何倍もの量をやらないと定着しない。また、定着したと思っても、しばらくたつと、できなくなっていたりする。

数学や英語では、こうした方法が可能だが、社会はこうした方法がとりにくい。社会では、最初に先生の説明や授業がある。そして、テストで出るような問題演習を行うことは、小学校や中学校の授業では少ない。子どもたちは、自分で、概念の整理や概念間の関係を理解したり、用語を暗記したりする必要があるが、ヨウには難しい。

学校の授業、少なくとも、小学校中学年くらいまでの授業では、多くの子ども（いわゆる健常児）は「わかった」気になる。そのため、先生が説明をして、「わかった？」と子どもに尋ねたときに、子どもが「わかった！」と答えることで、授業が成り立っている。ただし、それでは、勉強が「できる」ようにはならない。例えば、重力について、学校で教わる。教科書や先生の説明で、子どもたちは「わかった」と思う。しかし、理科（物理）のテストで、落下運動の問題が出ると解けない。授業のときには「わかった」と思ったのかもしれないが、問題を解くことが「できる」状態には達していないからである。

学校で授業を受けても、勉強が「できる」ようにならないのは、学校の目指しているのが、「勉強ができる」ことではなく、「勉強がわかる」ことだからかもしれない。教科書や授業で「わかった」あと、「できる」状態になる、すなわち、自分で問題が解けるようになるためには、自分で多くの問題を解く必要がある。しかし、授業の中で多くの問題を解くことは、時間的に難しい。そこで、宿題で問題演習の量を確保しようとする。宿題を機能させるためには、子どもがきちんと自分でやっているのかを、先生や親がチェックし、その上で正誤を確認し、間違っていた場合には、再度解きなおさせることが必要である。誤答した問題にかかわる単元やトピックを再度説明して、さらに似たような問題を解かせるといったことができれば完璧だろう。少なくとも、問題演習をたくさんこなすことは、ヨウのような発達障害のある子どもだけでなく、すべての子どもに必要である。

発達障害のある子どもの場合、どんなやり方をすればうまくいくのかは、障害の特性や、その子の興味・関心、もしくは性格によるところもあるので、一概には言えない。とは言え、まず具体的な作業から入り、その作業を繰り返す中で理解に至るというのは、一つのやり方である。少なくともヨウには向いている。

極端に言えば、最初は、なぜそれをやるのかはわからないが、作業自体はできるという状態でも良いかもしれない。例えば、3＋2が、なぜ5なのかはわからないが、3＋2と言われると5と答えることはできる、といった感じである。「やれ！」と言われたことを、言われた通りにやっているうちに、技術は身につく。そのうちに、その行為の意味や行為全体の構造がわかってくる。これは、従来の職人の養成なんかでは、一般的な教育方法であった（徒弟制と呼ばれる）。現在でも、スポーツなんかでは、この手法がとられていることも多い。

少年マンガで、主人公が強くなるための修行をするときは、大概このやり方である。もちろん、職人の養成で弟子がやる作業については、新人にはこれ、それができるようになったら次にこれ、さらにそのスキルを身につけたらあれを、といった長年の経験で培われ、洗練されてきた手順があり、それが効果的な教育となっている。

3．自閉症児っぽさ

友達がいない

小学校低学年の頃、次男オトは、晴れていれば大体毎日、家のすぐそばの児童公園に出かけて、同い年の子どもたちと、外が真っ暗になるまで遊んでいた。ヨウもオトが外に出ると、ついて行く。そして、他の子と遊ぶのに入れてもらう……というより、オトの後を追いかけていることが多かった。しかし、それはあくまで、追いかけているだけで、一緒に遊んでいるわけではない。実際、ヨウは一人でブランコに乗り続けていることも多かった。

ヨウには友達がほとんどいない。幼児の頃から、オトと一緒に、オトの友達と遊ぶことはあっても、ヨウ自身の友達と言える存在はいなかった。小学生の間もほとんどいなかったし、中学生になってもいない。そもそも、ヨウはクラスメートの名前や顔を、ほとんど覚えていない。覚えているのは、特別支援級のクラスメートの一部だけである。特別支援級の人数は多くても7、8人なので、その一部となると、3、4人しか覚えていないことになる。

自閉症の中核的な症状には、コミュニケーションや社会性の障害がある。なので、友達を作るのは苦手なことが多い。ヨウも小学生になって、家ではしゃべりまくるようになったものの、学校では家に比べると、ほとんどしゃべらない。特に、交流級（普通学級）で他の子に話しかけるのは難しい。ヨウはもともと、なじみのないことやものにはなかなか手を出せない。顔と名前が覚えられないので、ヨウにとって、交流級のクラスメートは、いつまでもなじみのない人のままである。なじみがないので話しかけられない、話しかけないので覚えられないという悪循環になっている。

なじみがない人に話しかけるのを躊躇《ちゅうちょ》するというのは、自閉症の症状に基づく部分もあるが、ヨウの性格でもある。我が家は、父も母もそれほど社交的な性格ではない。長男セイは、本人は社交的ではないと思っているが、おそらく一家の中で最も社交性がある。次男オトは、高校生になる今まで、兄弟の中では、最も対人的な困りごとが少ないが、それは人間関係がごく少数に限られているためである。

ヨウは特別支援級に所属していて、体も小さく、できないことも多い。交流級の子にとって異質な存在であるために、遠巻きにされている。そして、自閉症とヨウ自身の性格のために、自分から距離を詰めていくこともできない。だから、友達ができない。

人の顔を覚えられない

ヨウは人の顔と名前を覚え（られ）ないが、人の顔と名前を覚えることに関しては、兄たちも、そして父もあまりできない。長男セイはそこまでひどくはないが、得意とは言えない。次男オトと父はかなりひどい。

ところで、人の顔を正しく判別できない相貌《そうぼう》失認という障害がある。一般的には、脳溢血や脳梗塞などによって、顔を識別する脳の領域が損傷して起こることが多い。しかし、そうした後天的な相貌失認と違い、生まれたときから、人の顔の識別が苦手な、先天的な相貌失認の人も割と多くいる。

一方、多くの人が訴える「（加齢で）最近、人の顔が覚えられなくて〜」といった、単に顔と名前が一致しないとか、顔はわかるのに、名前が出てこないというのは、相貌失認ではない。また、中年のおじさんが、○○坂系やＫ－ＰＯＰ等のメンバーが多勢いるアイドルグループの顔の見分けがつかなくても、それは単に興味がないだけで、相貌失認ではない。

　先天的な相貌失認の場合、髪型や体つきといった、顔以外の視覚情報や声などから、目の前にいる人が誰かを見分けていることがある。そのため、相貌失認がある人自身も、顔の認知が、周りの人に比べて苦手なことに気がつかないことも珍しくない。海外の調査では、人口の２％程度が、先天的な相貌失認であると報告されている。決して珍しい障害ではない。有名人では、ブラッド・ピットが相貌失認であることを告白している。相貌失認といっても、親の顔が見分けられないといった重篤なケースから、年代や性別の異なる、それほど親しくない同僚の顔が見分けにくい、といった軽いケースまである。

　おそらく、相貌失認も軽いものから重いものまで、スペクトラムなのだろう。そして、我が家では、顔を覚える能力が、母＞長男セイ＞次男オト＞父＞ヨウの順で、母とセイは特に問題ないが、オトと父はグレーゾーン、ヨウは障害といってもいいレベルにある。

　人の顔を覚えられないというのは、ヨウの場合、自閉症という障害も含めて、なかなか克服しがたい部分である。幼いころは、走り回る兄たちの後ろを追いかければ、遊びに参加した感じになっていた。しかし、成長とともに、オトとその友達が、複雑なルールの遊びやカードゲームの話題をするようになって、ヨウはその輪に入れなくなってきた。

好き嫌いか、こだわりか

ヨウは小さいころから食が細く、小学校に入っても、偏食傾向が続いていた。野菜をほとんど食べない。そして、前にも書いた通り、朝食は常にチョコパンである。もともと少食な上に、食べ慣れないものをすごく嫌がるので、手をつけずに残すおかずも多い。

ただ、こうしたヨウの偏食は、自閉症の症状であるこだわりというよりも、単なる好き嫌いという面が強いことがはっきりしてきた。学校の給食はあまり残さずに食べているのだ。本当に自閉症の偏食ならば、学校の給食でも偏った食べ方をして、手をつけないおかずがないとおかしい。しかし、給食では完食することも多く、残す場合も、先生に促されると一口、二口は食べているようである。

どうやら、ヨウが家で野菜を食べないのは、単なる好き嫌いらしい。長男セイも野菜嫌いである。実際、セイとヨウは同じおかずを残していることが多い。三兄弟の中で、野菜や野菜の多いおかずをほとんど残さず食べるのは、次男のオトだけである。初めて見る食べ物に対するチャレンジ精神も、オトが一番強い。セイが野菜を食べないのは、完全に好き嫌いである。そして、ヨウもたぶんそうだ。ヨウとセイは顔立ちがよく似ているとともに、食べ物だけでなく、お笑い番組が好きといった趣味・嗜好も似ている。

　こだわりという点では、ヨウは食事の際に、一つのお皿に取り掛かると、そのお皿が空になるまで、他のお皿に手を出さない。これは自閉症のこだわりの一つであろう。ヨウは、1つのお皿、もしくは、おかずやご飯に取り掛かると、それを食べ終わるまでは、他のおかず（やご飯）に手を出さないので、最初の二皿くらいで満腹になってしまう。ご飯と好きなおかずを先に食べる。野菜や野菜が多めのおかずは後に回すので、結局、それらには手をつけないということになる。ヨウは体も小さく少食なので、少なめに盛り付けるようにはしていた。それでも、家での食事は、ヨウには少し量が多かったのかもしれない。

涙の給食

　一方、学校の給食は、割ときちんと食べているようだった。しかし、ヨウは食べるのが遅い。給食の時間いっぱいを使っても、食べ終えることができない。1年生の間、ヨウは授業の多くを特別支援級で受けており、授業以外の給食や掃除なども、特別支援級で行っていた。そのため、急かされることはなく、ゆっくりと給食を食べることができた。

　2年生になったヨウは、給食を交流級（普通学級）で食べることになった。字がずいぶん読めるようになってきたこともあり、２年生からは、いくつかの科目を交流級で受けるようになったためである。しかし、ヨウは食べるのが遅いので、交流級の子たちが食べ終わっている中で、独り食べ続けることになる。給食当番の子たちは、ヨウのために給食の片づけをすることができない。そのため、早く食べ終わるように文句を言われる。ヨウは給食の時間になると、特別支援級の教室に戻ってきては、泣くようになってしまった。

そこで、給食は特別支援級で食べるという形で、対応することになった。この対応はその後も続いた。小学校の頃に、早く食べ終わるように急かされたのがよほど嫌だったらしく、中学３年生の今でも、ヨウは特別支援級で給食を食べている。

一人で戦いごっこ

ヨウの仮面ライダー沼は、小学校に入っても続いていた。仮面ライダーを放送日に見て、その後も録画したものを繰り返し見る。毎年のお誕生日には、ライダーベルトを買ってもらう。仮面ライダーにな（りき）っての仮面ライダーごっこも続いていた。

１歳年上のオトが小学校に入るまでは、ほとんど毎日、ヨウはオトに仮面ライダーごっこの相手をしてもらっていた。しかし、オトは小学校入学以降、近所の同学年の友達と、すぐ近くの公園で遊ぶことが多くなってきて、ヨウの相手をすることが減ってきた。

ごっこ遊びに付き合ってくれる人がいないときは、ヨウは一人で見えない敵と戦う。低学年の頃は、仮面ライダーのセリフを言いながら、見えない敵と戦っていることが多かった。次第に、「ハッ」とか「トウ」といったかけ声以外には声を出すことなく、空中にパンチやキックをしたり、（おもちゃの）剣で切ったりするようになった。くるくる回りながら戦うので、ダンスや剣舞のようにも見える。

この一人戦いごっこは、小学生になって以降、ヨウにとって、ある種のこだわり行動になってきている様子があった。することがないときや、ある活動が終わって、次の活動に移るときに、儀式的にやっているようにも見える。

学校の下校時に一人で歩いているヨウを、少し離れたところから見たことがある。家の中でやっているときほど大きな動きではないけれども、空中にパンチをしたりしている。妄想をしながら歩いているらしい。このまま一人戦いごっこが強いこだわりになって、大きくなってからも、「トウ」とか「エイ」とか言いながら、空中にパンチをしていたりすると、周囲から奇妙な目で見られる。父は、何とかしたほうがいいな～とは思っていた。

ただ、登校時は、集団登校で周りに人が多勢いるためか、ヨウの一人ごっこ遊びは出ない。

他の子とおしゃべりするでもなく、黙って歩く。家の外で、人の視線がある状況では、ヨウの一人ごっこ遊びは、あまり出ないようだ。なので、とりあえず、放置することにした。

　そうこうするうちに、小学校高学年になって、ようやく、ヨウの仮面ライダー熱も収まってきた。日曜朝に放送されている仮面ライダーを見なくなり、それとともに、空中にパンチやキックするといった、見えない敵と戦っている、はっきりした仕草は目立たなくなってきた。一方、部屋の中を軽く飛び跳ねるような感じで歩き回ったり、二つの部屋の間を小走りで往復したりするだけのことが増えてきた。そんなときには、節をつけて「ふふ〜」と声を出したり、メロディのはっきりしない、鼻歌のような声を出していることが多い。

　中学生になって以降は、部屋を一往復ほど歩き回るだけの感じになってきている。この「一往復」は割と頻繁で、家にいるときには、1日に何度も見られる。ただ、これは戦いごっこの名残というよりも、行動の切り替えの儀式のような感じである。

　中学生になった今では、一人戦いごっこは、ほとんどしなくなったが、歩いている時に、かすかに「ふふ〜」「う〜うん」とかつぶやいているときがある。そんなときは、何かを空想しているのかもしれない。「しれない」というのは、小学校中学年くらいまでは、何かを妄想しているときには、空中へのパンチやキックのように、しぐさとして出ていたし、父がヨウに何をしているのか尋ねると、「敵と戦っている」といった答えが返ってきていたから、ごっこ遊びだとわかった。小学校高学年になって、派手な一人ごっこ遊びがなくなってきてからは、父が尋ねても答えてくれなくなった。

プリキュアも好き

日曜日の朝には、必ずテレビで仮面ライダーを見ることにしていたヨウだが、そのうちに、仮面ライダーの前後で放送されているアニメの「プリキュア」も見るようになった。

プリキュアのほうが、仮面ライダーよりも、毎回のストーリーがパターン化していて、わかりやすい。しかし、ヨウは、プリキュアは見るようになったが、同じく、仮面ライダーの前後でやっている戦隊ヒーローもの（「〇〇戦隊□□ジャー」みたいなやつ）には、あまり興味を示さなかった。戦隊ヒーローものも、毎回のストーリーはパターン化している。なので、ストーリーのわかりやすさで、プリキュアを見ているわけではない。

一時期、ヨウは「ポケットモンスター」や「妖怪ウォッチ」のアニメもよく見ていた。その頃のヨウがよく読んでいたコロコロコミックには、ポケモンや妖怪ウォッチが連載されていた。そのため、アニメも見ようと思ったのかもしれない。しかし、同じようにコロコロコミックに連載されていた他のマンガがアニメ化されても、あまり興味を示さなかった。

ヨウは、仮面ライダーのおもちゃ（ベルトや武器）は欲しがるが、プリキュア関連のおもちゃは欲しがらなかった。仮面ライダーの戦いごっこと同じように、プリキュアの戦いごっこも、小学校に入るころまではしていた。しかし、仮面ライダー（っぽい感じ）の一人戦いごっこは続いたものの、プリキュア（っぽい感じ）の一人戦いごっこは、小学校に入ってしばらくするとなくなった。

また、ポケモンのおもちゃは欲しがらなかったが、妖怪ウォッチのおもちゃは欲しがった。一方で、オトといっしょに、ポケモンの戦いごっこをすることはあった。そのときは、ポケモンのアニメのセリフ（技の名前など）が出ていた。しかし、ぬいぐるみやミニカーなんかのおもちゃを右手と左手それぞれに持って、戦わせるという一人戦いごっこでは、どのアニメやキャラクターのセリフも出ず、「ふふ～」「う～うん」といった声だけだった。

妖怪ウォッチについては、おもちゃ自体で遊んだり、アニメで出てくる妖怪について、自分の知っていることを語ったりはしたが、戦いごっこはあまりしなかった。そういえば、ヨウは、妖怪ウォッチに出てくる妖怪については、技やスペックなんかの図鑑的知識を語ったが、あれほど好きだった仮面ライダーについては、図鑑的知識を語ることは少なかった。

ヨウがどういった系統の番組やキャラクターが好きなのかは、どうもよくわからない。仮面ライダーはかなり好きで、プリキュアも好きだが、戦隊ヒーローものは、それほど好きではない。また、ヨウが一人戦いごっこで、どのキャラクターに扮するかといった基準もあまりよくわからない。兄二人は他の人といっしょにごっこ遊びをしたが、ヨウのような一人戦いごっこはあまりしなかった。そして、兄二人は、ごっこ遊びの際に扮するキャラクターについては、そのときいっしょに遊んでいる友達（の扮するキャラクター）やシチュエーションに合わせた。しかし、ヨウは仮面ライダーかプリキュアにこだわることが多かった。ヨウにはヨウなりの、自閉症的なこだわりがあるのだろう。

　小学校高学年以降、ヨウは日曜朝の子ども向けのテレビ番組を見なくなった。一方で、中学生になった今でも、一人ごっこ遊びの残滓《さんし》のようなものが、パターン化した行動として残っている。とりあえず、（特に人前では）あまり表には出てこないので、父と母は、特に指摘したりすることもなく、放置して様子を見ている。

第5章

小学校中学年：

漢字がわからない！

1．漢字が書けない

小学校入学直後に、ひらがなをほとんど読めない状態だった三男ヨウは、1年生が終わるころには、ひらがなの読みを習得した。3年生までは、母が教科書の漢字にフリガナをふっていたが、次第に読める漢字が増え、4年生の半ばには、フリガナがなくても教科書を流ちょうに読めるようになった。

一方で、書くことには苦戦した。漢字を読めるようになってきても、なかなか書くことができない。それには2つの理由があった。一つは手先の運動の問題、もう一つは認知（情報処理）の問題である。

運動の問題

書くのが苦手なのは、漢字だけでなく、ひらがなもだった。ヨウは体が小さいこともあって、小学校入学時には、筆圧がものすごく弱かった。そして、書くのが遅い。そのため、お手本を写すだけでも時間がかかる。ヨウにとって、黒板に書かれたことをノートに写すのは至難の業《わざ》だった。書くのに時間がかかるので、あまり文字を書こうとしない。文字を書こうとしないので、書くことがなかなか上手にならない。悪循環である。

体が大きくなるにつれて、筆圧の問題は解決されてきたものの、中学生になった今でも、書くスピードの問題は残っている。小学校高学年になって、ノートに書かなければならない量が増えてきたころには、母はデジカメで黒板を写させてもらうことを考えた。しかし、どのタイミングで黒板を写すかといった判断が、ヨウには難しい。また、デジカメの持ち込みや使用に対する学校の抵抗もあり、実現しなかった。

発達障害の子どもたちの中には、普通の教科書（紙媒体）だと読むのが難しい子や、ノートを取るのが難しい子がいる。ヨウも、３年生のときに、特別支援級の先生がデジタル教科書を使って教えてくれたときには、通常の教科書よりも、理解しやすいようだった。補助的な道具や機器を使うと助かる（発達障害の）子どもは多い。

補助的な道具や機器は、特別なものだけではない。教科書を読むときに、読む行以外を白紙で隠すだけで、読みやすくなる子もいる。紙や鉛筆といった、学校で普段使われているものだと、比較的、学校や先生に受け入れてもらえるが、デジカメ、ボイスレコーダー、パソコンといった電子機器については、受け入れてもらえないことも多い。

２０２０年から始まったコロナ禍を経て、学校では、生徒１人に１台のパソコンやタブレットが普及した。しかし、学校での使用は、先生が指示した時に限られており、それ以外の時には、触れない状態の学校（授業）が多い。電子機器以外にも、罫によって色を変えてある（識別しやすいように、行ごとに色分けしてある）ノート[1]なんかもあるのだが、学校や先生が指定したノートでなければダメ、といったケースすらある。

認知の問題：語彙が足りない

ヨウの場合、漢字を書くのが難しいのは、運動の問題だけではなく、認知（情報処理）の問題も絡んでいる。小学校低学年のころのヨウは、かなりしゃべるようになったとはいえ、同年齢の子に比べると、まだまだ流ちょうとは言えなかった。そのため、「わたしは□《いぬ》をかっています」という文の中の□に犬という漢字を書かせるような問題で、文の意味がよくわからないということが度々起こった。文の意味がわからないというより、語彙力がないので、文中の言葉（単語）、例えば「飼う」ということばの意味がわからない。その結果、文全体の意味を把握できなくなってしまう。

　小学生の時点で発達の遅れ、特にことばの遅れがある場合、語彙が足りないことは多い。語彙数が読み書き能力に影響することは、さまざまな研究から明らかになっている。もちろん、ある程度読み書きができるようになると、語彙力があるから読み書きが伸びるだけでなく、多くの本を読んだり、文章を書いたりすることで、語彙が増えるという好循環がある。しかし、小学校低学年で、簡単な漢字を覚えていく過程においては、自分の知っている言葉（語彙）→漢字の読み書きという順番である。知らない言葉について、それを表す漢字を覚えることはできない。

子どもは一般的に、幼児期には生活や遊び、大人とのやりとりを通して、ものの名前、使い方や手順を覚えていく。使い方や手順は多くの段階に分けられ、その段階にも名前がついている。また、日本では、多くの子どもが絵本に接する機会がある。保育園や幼稚園では、絵本の読み聞かせを行う。そうしたさまざまな経験を通して、子どもたちは語彙を増やしていく。

発達の遅れは、遊びを含めて、同じ年齢の子どもたちと同じ経験をすることを難しくする。また、同じ経験をしても、同じだけの知識や技術を吸収することは難しい。その結果、発達の遅れがあると、同じ年齢の他の子どもたちに比べて、知らないことが多い。教科書は、その年齢の子どもたちの一般的知識レベルに基づいて書かれている。そのため、教科書で使われていることば（単語）が、発達の遅れのある子には、わからなかったりする。

語彙を増やす一番の方法は、本を読むことだろう。しかし、発達に遅れのある子にとっては、そもそも文章の中のことばがわからないことが、読書の障壁になる。そうした場合、小学校の低・中学年では、漢字の習得よりも先に、語彙や概念、日常的な生活技術（靴ひもを結ぶ、ペットボトルの蓋《ふた》を開けるなど）を身につけていくことが、優先されがちである。

　少なくとも、知らない（理解していない）語彙や概念について、それを表す漢字を機械的に覚えるということは不可能だし、ありえない。ただ、「同じ年齢の生徒は、同じ学年で、同じ内容を学ぶ」という、現在の日本の学校の制度やカリキュラムでは、生徒一人一人の語彙力や知識といったものは考慮されない。小学校低学年では、それでも大きな問題はないだろう。しかし、学年が進むにしたがって、生徒間の語彙力や常識を含む知識の差は広がっていく。そして、その差を考慮することなしに、授業は難しくなっていく。その結果、授業についていけない子が増えていく。

　いずれにせよ、小学校低学年では、語彙力には、それほど個人差はないとされている。あったとしても、普通は、小学校での教科教育や学校生活を通して均《なら》されていくと考えられている。しかし、発達に遅れがある場合、授業を含めて、他の子と同じ学校生活を送るためには、（小学校だけでなく、中学校以降も）語彙力や常識を含めた知識や経験の補填が必要となる。しかし、特別支援級における教育や交流級での支援も、あくまで、その学年での一律の教科教育や学校生活への補助が中心である。同学年の他の子に比べて、足りない語彙力や常識を含めた知識や経験が考慮されたり、補填されることはあまりない。

現在の学校においては、多くの教師は、教科書に沿った授業と、その学年でやるべき行事を滞りなく行うのに必死だし、それ以上のことは難しいようである。学校（そして、多くの教師）は、決められたカリキュラムを教えることはできる。しかし、発達障害の子のように、カリキュラム通りにいかないケースに上手く対処できる先生は、ごくまれにしかいない。この点については、教員養成という観点から、この章の後半で取り上げたい。

認知の問題：文字の形が浮かばない？

ヨウが漢字を覚えられない理由には、語彙の少なさ以外にも、漢字の形を思い浮かべることが難しいという問題がある。前の章でも触れたが、ヨウは人の顔や名前を、全然覚えない。小学校では、５～６人しかいない特別支援級のメンバーについては、何とか覚えていた。しかし、交流級については、何年も同じクラスになっている子ですら、ちゃんと覚えていない。テレビの中のお笑い芸人は区別できているので、人の顔がまったく認識できないというわけではなさそうだ。しかし、俳優については、特定のドラマの中では認識できても、別のドラマやバラエティ番組に出演していると、同一人物であることに気がつかないことが多い。

父も、人の顔（と名前）を覚えるのが苦手である。そして、父も、小学生の頃には、漢字を覚えるのが不得意だった。父が人の顔を覚えられないのは、頭の中で映像イメージを浮かべるのが苦手なためである。

アファンタジア

「パンダを思い浮かべて」と言われれば、ほとんどの人は、頭の中でパンダの姿を映像として思い浮かべるだろう。しかし、アファンタジアと呼ばれる障害をもつ人々は、頭の中にパンダの姿を、映像として思い浮かべることができない。彼らはパンダを見れば、パンダだと認識できるし、パンダが持つ特徴を、ことばで説明することはできる。パンダについて考えることには全く問題はないのだが、視覚的イメージを思い浮かべることは難しい。この現象については、百年以上前に、そういう人がいることの指摘はされていた。[2] しかし、きちんと研究されるようになったのは、21世紀になってからで、アファンタジアという名称が与えられたのは、ようやく２０１５年のことである。[3]

現在では、50人に１人がアファンタジアではないか、ともいわれている。これはかなりの割合である。ただ、50人に１人というのが、完全に映像的なイメージがない人を指しているのか、まったくイメージが浮かばないわけではないが、不安定で、あまり使いものにならないというレベルなのかはわからない。現段階では、そこまで研究が進んでいない。

父も、映像的なイメージを思い浮かべるのは、かなり苦手だが、全然できないというわけではない。簡単な図形、特に○や△のような平面（二次元）図形なら思い浮かべられるし、放物線なんかのグラフも大丈夫である。風景や人の顔については、頑張ると、一瞬思い浮かぶような気はするが、はっきりと安定した状態を保つことは難しい。おそらく、アファンタジアもスペクトラムになっていて、まったく映像的なイメージがない人から、短時間ならぼんやりとは浮かぶ人、ぼんやりしているが、ある程度安定した映像の維持が可能な人まで、程度の差や傾向の違いがあるのだろう。

父はおそらく、中程度のアファンタジアである。そのため、人の顔を覚えるのが難しいし、漢字を思い出すのも難しい。人の顔は直接見れば区別はできるし、（名前は思い出せないことが多いが）知り合いかどうかの区別はつく。漢字についても、読むことにはそれほど問題はない。しかし、「○○さんって、知ってる？」と尋ねられても、その人の顔を思い浮かべることはできない。漢字を書こうとしても、はっきりとイメージすることができないので、手書きの際には（電子）辞書が必須である。

ヨウも、父と同様の症状を抱えているのではないかと思う。アファンタジアの場合、苦手なことはあるものの、それほど問題にはならないことが多い。映像的なイメージが浮かばないと、グラフィック系の仕事は難しいだろうと思われるかもしれないが、意外とそんなこともない。かなり多くのアファンタジア、もしくはそうした傾向を持つ人が、グラフィック系のクリエーターやデザイナーとして活躍している。

有名なところでは、アニメスタジオのピクサーの元社長のエドウィン・キャットマルが、アファンタジアであることを公言している。彼は、コンピュータグラフィックスが専門である。ウェブデザインを始め、現在のコンピュータグラフィックスは、それが完成して画面に表示されるときには映像だが、そのプログラムを作っている途中は（コンピュータ）言語である。コンピュータで映像を作るためには、（コンピュータ）言語で記述しなければならない。アファンタジアの人は、映像イメージが使えないので、普段の生活でも、言語的な表現に偏った生活をしている。目で見たものを、見たままに、映像的に思い出すといったことができないので、目で見たものを言語化して覚えたり、思い出したりしている。そうした情報処理のやり方が、コンピュータグラフィックスと相性がいいのかもしれない。

自閉症と視覚的支援

自閉症児への指導の中で、視覚的支援というものがある。予定を表にまとめたものから、行動の選択肢や課題を示したカードや絵に至るまで、さまざまな行動に対する手がかりを、絵や写真（文字の場合もある）のような映像的な刺激で示す。

ヨウにも、家庭で何度か視覚的支援を試みたことはある。しかし、面倒な割に、それほど効果がなく、毎回、長くは続かなかった。自閉症児の中でも、視覚的支援の効果が大きな子と、それほどでもない子がいるようである。自閉症児に視覚的支援が有効とされてきたのには、いくつか理由がある。自閉症児には言葉の遅れのある子が多い。そのため、言葉が伸びてくるまでは、言葉での指示や説明が入りにくい。そうした場合、視覚的な刺激や手がかりが、言葉に比べて、有効かもしれない。実際、視覚的支援は発達障害の子どもだけでなく、定型発達の子に対しても、小学校低学年くらいまでは、かなり有効である。

視覚的支援が有効とされるのは、自閉症の場合、聴覚よりも、視覚が優位な子どものほうが多いからとも考えられる。ただし、これは程度の問題で、中にはヨウのように、それほど視覚優位ではない自閉症児もいる。また、聴覚的な処理と視覚的な処理を考えるとき、入力過程と表象過程に分ける必要がある。表象過程というのは、脳内でのイメージや思考といった処理の過程を指している。アファンタジアの多くは、表象過程で映像的なイメージが浮かばないのであって、目で見たものがわからないといったことはない。ちなみに、出力過程では、人間は主に、しゃべるという聴覚（音声）的な出力はできるが、絵が上手な人以外は映像的な出力は難しい。しゃべる他に「書く」という出力方法もあるが、文字は音を形にしたものなので、聴覚的な刺激の一形態と考えてもいいだろう。

ちなみに、現在の教科書は、図やイラストを増やすのがはやりである。入力過程だけを考えるとわかりやすいかもしれないが、脳内の表象過程での言語化や、出力過程（これは言語中心である）での処理を、難しくしている可能性もある。図やイラスト中心の教科書や本は、わかりやすい半面、知識の定着や自身の言葉として使うには、難があるように思える。

アファンタジア傾向のある自閉症児であるヨウの場合、それほど視覚的支援の必要はなかったし、効果もなかった。学校での勉強の大半は、ことばを通してなされるし、（アファンタジア傾向のために）脳内での表象過程が映像的に行えないなら、視覚的な手がかりは使えない。ヨウにとって必要だったのは、視覚的支援よりも、これからする行動をことばで順番に示してもらったり、行動の理由や授業の中で取り上げられる知識（概念）について、ことばで納得のいくように説明してもらうことであった。

もちろん、漢字の場合、書き方をことばで示されただけで書けるというわけでもない。ヨウの漢字習得には、まだまだ長い道のりが必要だった。

漢字教材

小学3年生になるころには、ヨウはひらがなとカタカナは、完全に読めるようになった。スピードは遅いものの、何とか書けるようにもなった。しかし、漢字はなかなか覚えられない。書くのはもちろん、読むのも結構難しい。

とりあえず、全ての教科書について、母が漢字にフリガナをふることで対応していた。ただ、教科書全てにフリガナをふってあると、（フリガナを読めばいいので）漢字が読めなくても済んでしまう。

この状態を打破したのが、デジタル教材である。例えば、パソコンやタブレットで表示された教科書の文章を、最初はコンピュータが音声で読み上げる。次に、ヨウが同じ文を音読する。だんだん読めるようになってくると、コンピュータの読み上げはなしで、ヨウが一人で音読する。読めない漢字が出てきたときだけ、コンピュータに読み上げてもらって、読み方を確認する。それまでヨウの音読には、学校では先生が、家庭では親が、マンツーマンでついている必要があった。漢字が読めるようになるためには、音読練習が必要だが、いつも先生や親がマンツーマンで付き合うのは、時間的にも厳しい。コンピュータが読み上げをしてくれると、ヨウは独りで音読ができるので、特別支援級の場合、先生は他の何人かの生徒をみながらの指導が可能になる。

このデジタル教材を導入してくれたのは、3年生から特別支援級の担任になった山田先生（仮名）だった。ヨウが1～2年生のときの担任の先生に対して特に不満はなかった。しかし、発達障害の子どもの扱いがすごく上手いといったこともなかった。つまり、あまり印象に残っていない。山田先生は中年の女性で、特別支援級を担任するのは初めてということだったが、それまで普通学級で担任してもらった子の保護者からの評判は、なかなか良かった。実際、事務能力やコミュニケーション能力が、かなり高い先生だった。中3になるまでのヨウの担任の先生の中で、家庭とも、交流級（普通学級）の担任とも、最も意思疎通ができていたのが山田先生である。

想像するに、教育委員会としては、将来、山田先生を管理職に登用していく目論見《もくろみ》があって、そのためにも一度、特別支援級を経験させておく必要がある、ということだったのだろう。実際、山田先生は、ヨウが3年生の1年間だけ特別支援級の担任をした後、次の年からは、普通学級の担任に戻ってしまった（学年主任も任されている）。

山田先生はヨウに対して、デジタル教材以外にも、いろいろな教材や教え方を試してくれた。算数の学習では、計算については普通に紙の教科書でやるが、図形の学習ではデジタル教科書を使っていた。図形の学習の場合、デジタル教科書だと、タブレットの画面上で図形をぐるぐる回したりすることができる。そのため、「三角形」とか「四角形」といった用語や、「この四角形とあの四角形は同じ」といった説明のように、ことばで言われてもパッとイメージが湧きにくいヨウにとっても、わかりやすかったようである。

また、漢字の書き取りに関しては、学年相当の漢字ではなく、1年生の漢字ドリル的なものを繰り返してくれた。そのおかげで、学年相当まで追いつくことはできなかったものの、1年生くらいの漢字は書けるようになった。

わからないところ、できないところからやり直すのは、普通の勉強のやり方のように思うかもしれない。しかし、現在の学校では、そうしたことはあまり行われない。普通学級では勉強についていけなくなっている子がいても、教科書（正確には、学習指導要領）に沿って授業は進められる。勉強についていけない子にとって、学校の中で追いつく方法はない。

特別支援級では子どもの数が少ないので、先生と1対1か、生徒が複数の場合でも、生徒たちが同じ学年ではないことも多いので、個別指導で授業が受けられる。そのため、生徒ひとりひとりの理解や学習の状態に合わせた指導が不可能ではない。とは言え、小学1年生から中学3年生までのヨウの特別支援級の担任で、本人の理解や学習状態に合わせて、実際の学年以外の内容で指導してくれたのは、小学3年生の時の山田先生だけだった。

子どもの理解や学習状態に合わせた内容で指導するためには、その子が何をどこまでわかっているのか、できるのかが、的確に捉えられなければならない。また、その学年の学習内容を完全に無視して、（その子の理解や学習状態に合っていたとしても）下の学年の内容だけを教えるのは難しい。まず、学校や教師の間に「文科省の指示（教科書や学習指導要領）通りに教えなければならない」という文化というか、信念もしくは信仰がある。それを逸脱するには、逸脱しても教えられるだけの力と、逸脱を周りに認めさせることができるコミュニケーション能力や根回しの能力が必要となる。

そうした逸脱を周りに納得させるためには、その子に合った（下の学年の）内容を教えつつ、その子の学年相当の内容も（その子にわかる範囲で）教えなければならない。そこまでの力がある人材は、教師に限らず、どの職場でもそれほどいるわけではない。さらに教師の場合、後で述べるような諸般の事情から、そこまで優秀な人材が特別支援級の担任になることはほとんどない。

小学3年生以外の他の学年で、ヨウの特別支援級の担任になった先生たちも、多くの場合、ヨウに合わせて、わかりやすく説明したり、同じ内容を繰り返したりといった「丁寧」な指導はしてくれた。しかし、前の学年の学習内容が身についていないヨウにとっては、「丁寧」に指導してもらっても、学年相当の学習内容についていけないことが多かった。もちろん「丁寧」な指導に意味がないわけではない。それがなければ、ヨウは学校に通い続けるモチベーションを維持できなかった可能性が高い。先生が自分ときちんと向き合ってくれることは、ヨウにとって、学校に行く意味の多くの部分を占めたに違いない。ほぼ全ての先生が、ヨウに「丁寧」に向かい合おうとしてくれたことは確かである。

ただし、それが可能なのは特別支援級という、クラスの生徒が少ない環境だからである。普通学級では、先生に生徒と丁寧に向かい合う気持ちがあっても、物理的に（時間的に）不可能だろう。一方で、丁寧に向かい合ってはくれても、内容がヨウに合っていないと、学力の向上はなかなか難しい。山田先生のように、子どもに合ったレベルの内容を（学年相当の内容も同時に触れながら）教えることは、多くの場合、至難の業であろう。また、それが可能なレベルの人材を養成し、配置しようとすると、恐ろしいほどのコストがかかるに違いない。山田先生に担任してもらった小学3年生は、ヨウにとって幸運な1年だった。

　山田先生が、1年生の漢字から繰り返し練習させてくれたおかげで、ヨウは1年生で習う「日、水、上」のような単純な漢字は書けるようになった。しかし、「温、飲、漢」のような部首、つくり、へんといった、いくつかのパーツが組み合わさった漢字は、相変わらず難しかった。パーツ同士の組み合わせや位置関係がイメージできないらしい。なぞり書きはできる。また、お手本が示されている場合には、キレイな字とは言えないものの、模写をすることはできる。しかし、ひらがなで書かれたことばを漢字で書くとなると難しい。パーツが欠けていたり、パーツが左右逆になっていたりする。パーツ間の配置のバランスもかなり悪い。どうやら、ヨウは漢字の形を思い浮かべることが上手にできず、そんなふうになってしまうらしい。これは、映像的なイメージを明確に思い浮かべることができないアファンタジア傾向のためであろう。

　一つのパーツだけでできている簡単な漢字は書けるようになったのに、複数のパーツから成る漢字が書けないことで、ヨウの漢字が書けない理由がわかってきた。しかし、どうしたら難しい漢字を書けるようになるのか、その対策は、なかなか見つからない。それどころか、「流」と「落」のような、いくつかのパーツからできている、似た漢字を見分け損ねて、読み間違えるということが起こってきた。母は、部首、つくり、へんといったパーツの違いを教えることで、何とかならないかと考えたが、なかなか上手くいかない。

そんな状況の中、3年生の終わりごろになって、母がミチムラ式漢字学習法（カード）というものを見つけてきた。ミチムラ式漢字学習法（カード）というのは、漢字の部品（パーツ）の組み合わせ方を唱えて、漢字（の書き方）を覚える、という方法である。例えば、「強」という漢字だと、カードの表側に「べんきょうのきょう、つよい」という（漢字の）読み方が書いてある。カードの表側の漢字の読み方を唱えた後、カードを裏返す。裏側には、上側に「強」という漢字が書いてあり、下側に「弓：ゆみへん」「ム：ム」「虫：むし」と、順に「強」という漢字の部品と組み合わせ方が示されている。どのパーツがどの場所にあるかを確認しながら、「ゆみへん」「ム」「むし」と順に声に出して読み上げる。

それまでのヨウの漢字の学習法は、繰り返し書くことが中心だった。ヨウは書くのが遅いので、この方法だとめちゃくちゃ時間がかかる。ミチムラ式漢字学習法は、基本的に読み上げればいいので、短い時間で練習できる。3年生の終わりの春休みに、しばらくミチムラ式

ヨウが使用しているミチムラ式漢字学習法カード（筆者私物）

漢字学習法をやったところ、ヨウは、漢字がいくつかのパーツの組み合わせでできていることを理解できた。そして、得意というにはほど遠いが、「ほとんど漢字が書けない」状態から、「漢字が苦手」というくらいには改善した。

また、似たようなパーツで構成された異なる漢字を、間違わずに読み分けることができるようになった。そのため、4年生の1学期の途中には、教科書の漢字にフリガナをふるのをやめたが、読むことに関しては問題がなくなった。

漢字が読めるようになって

漢字が読めるようになったことで、ヨウの行動に、またひとつヴァリエーションが増えた。本を読むことである。「本」といっても、マンガやアニメのキャラクターを主人公にしたスピンオフ小説である。小学校低学年くらいの子が対象のスピンオフ小説なので、使われている漢字もそれほど難しくない。ストーリーも、マンガやアニメに沿っているので、ヨウにも、おおよそ内容がつかめる。読むのがあまり速くないので、たくさん読むというほどではないが、4年生の半ばには、スピンオフ小説のような小学校低学年向けのものなら、1週間くらいかけて、読み切れるようになってきた。

ところで、次男オトは三兄弟の中で、唯一の読書家である。といっても、読んでいる本の大半はライトノベルなので、あまり賢そうには見えない。しかし、現在、日本の大学生の半数は1日の読書時間が0分である。割とコンスタントに、活字を読み続けているオトは、十分に読書家と言えるだろう。

ヨウも、文章を読むことが苦にならなくなって、小学校高学年頃には、ライトノベルを読んだりもするようになった。ただ、ヨウの読書は、オトの読んでいるものに興味を持ったり、アニメ化されたものの原作を父や母に勧められたり、といったきっかけがないと始まらない。また、内容が少し難しくなったり、恋愛なんかの人間関係を軸とした物語になったりすると、あまり興味を持てないようだった。ヨウは、テレビの恋愛ドラマは好きなのに、恋愛小説には興味がない。一方、次男オトは、恋愛ドラマは見ないが、恋愛小説は読む。しかもかなり好きである。不思議なことである。

2. 特別支援級の先生

特別支援級に在籍しているヨウは、小学校でも中学校でも、一部の科目や給食は特別支援級で受けながら、多くの科目を交流級で受けていた。特別支援級にも交流級にも、それぞれ担任の先生がいた。

3年生のときの特別支援級の担任だった山田先生は、素晴らしい先生だった。しかし、すべての先生が、そこまで優秀なわけではない。特に発達障害の子に対する特別支援教育という観点から考えると、知識も技術も不十分な先生も多かった、というより、大半の先生が発達障害の子どもへの対応に関しては、プロの水準とは言いがたい。そんなふうになる背景には、教員免許や学校の制度及び組織の問題がある。

ヨウの学校生活からは離れてしまうが、発達障害のある子にとって、どんな先生が担任かはかなり重要なので、教員免許とその取得について、ざっくり紹介していきたい。特別支援教育で、発達障害の子どもたちに対応している先生たちが、どんな資格を持っているのか、また、その養成の仕組みや様子を知ると、そもそも学校の先生に、発達障害の子どもへの教育に関して、期待しすぎてはいけないことがわかってくる。

特別支援級の先生の資格

特別支援学校の先生の場合、小学校教諭や中学校教諭の免許（普通免許）に加えて、特別支援学校教諭免許を持つ必要があることが、教育職員免許法という法律で決まっている。[4] しかし、いわゆる普通の学校で、特別支援級の担任や普通学級で特別支援級に在籍する子どもを担当する先生については、特別支援学校教諭免許は必要とはされない。

単純に考えると、特別支援学校以外の普通の小学校や中学校では、特別支援級であっても、障害（や特別支援教育）について、十分な教育や訓練を受けてきていない先生が、障害児への教育を行っていると言える。もちろん、研修なんかは受けているかもしれない。しかし、多少の座学で身につく知識や技術でできるようなことなら、そもそも「特別支援学校教諭免許」といったものは不要なはずだ。

もちろん、普通免許しか持っていないけれども、何年も特別支援級の担任をしたり、普通学級で長年発達障害の子を受け持ったことがあったりして、そうした経験の中で、自分でも勉強して、十分な知識や技術を持っている先生もいる。また、特別支援学校教諭の免許を持っている先生が、優先的に特別支援級の担任に回されていたりはする。とは言え、繰り返しになるが、制度上は特別支援級の担任も、普通学級（交流級）の先生も、発達障害に関して、専門性が高いとは言えないことが多い。

特別支援級の担任

そうなると、発達障害を理解している先生に当たるかどうかは運次第となるし、「当たり」を引く確率はあまり高くない。さらに、特別支援級の担任に関しては、いわゆる「外れ」を引く確率が上がる要素がある。普通学級の担任を持たせられない人が、特別支援級の担当になっているように見えることがあるからだ。典型的には、事務能力やコミュニケーション能力が低く、いわゆるホウレンソウ（報〈告〉・連〈絡〉・相〈談〉）ができなくて、「これでは、普通学級の学級経営は難しいだろうなあ～」というタイプである。

そうしたタイプの先生は、30人以上の生徒（とその親）、そして同学年の他のクラスの先生や学年主任といった人間関係の中では、（事務）処理能力の問題でやっていけない。しかし、特別支援級だと、クラスの子どもが数名と少なく、親との関係も緊密なので（親と顔を合わせたり、電話で話したりする機会も多い）、問題が起こっても、特別支援コーディネーターという役職の先生や校長、教頭のフォローで、何とかやっていけることも多い。

そうした理由で、（事務）処理能力やコミュニケーション能力の低い人が、特別支援級に回されることがある。そうしたタイプの先生の場合、普通学級の30人以上の生徒をまとめることはできないが、特別支援級でのマンツーマンや少人数対象の指導では、すごく上手なこともある。ただし、連絡や（事務的な）管理がきちんとできているかについては、親のほうでチェックしておく必要がある。

一方、特別支援級で、子どもに手を上げたり（体罰）、すぐ怒り出して情緒不安定といった先生はそれほど見ない（自信がないタイプの情緒不安定な先生はたまに見かける）。おそらく、怒りっぽいタイプの先生は、発達障害の子どもとは、お互いに感情を煽《あお》り合って、相性が悪いからだろう。子ども、特に多動性がある子とぶつかったり、切り替えの苦手な子に苛立ったりするのは、どちらかというと、普通学級の先生のように感じる（クラスの子どもの数も多いので、特定の子に手をかけていられない、ということもあるかもしれない）。

担任の配置は、最終的に校長が決めている。特別支援級の担任をどの先生にするかは、発達障害や特別支援教育に対する校長のスタンスが表れるところとも言える。もちろん、学校全体のさまざまな担当の配置には、多くの要素があって、特別支援級のことだけを考えているわけにはいかない。また、小規模校では、そもそも教員配置の自由度が少ない。そのため、校長の理想通りにはならないわけだが、特別支援級の担当が、明らかに窓際のような扱いになっているケースが割とよくあることは否定できない。

教師への道筋

発達障害や特別支援を担当する先生に、なぜ素人同然の人がいるのかは、教師になる道筋を知ると理解できる。なお、この道筋はごく一般的なもので、まれに異なる道筋をたどる人もいる。

学校の先生になるためには、大学か短大を卒業することが必要である。[5] 教員免許の取得には、大学や短大の卒業に加えて、教員免許のための科目の単位を取る必要がある。教員免許のための科目は、大きく、教職に関する科目と教科に関する科目に分かれる。教職に関する科目には、教育心理学や生徒指導、教育相談といったものが含まれる。教科に関する科目は、取ろうとしている免許によって異なり、例えば、高校の英語の教員免許だと、英語関連の科目になる。その他に教育実習などの実習科目がある。

大学で授業を受けて、教員免許取得に必要な単位がそろったら、その地域の都道府県の教育委員会に申請することで、教員免許が発行される。教員免許に関しては、資格を取るための試験といったものはないが[6]、資格を取るだけでは、学校の先生にはなれない。公立の学校の先生になるには、自治体（都道府県や政令指定都市）の教育委員会が実施する採用試験を受けて、合格する（採用される）必要がある。なお、採用試験は、卒業年次（大学だと４年、短大だと２年）にも、資格取得見込みで受験することができる。

採用試験に落ちても、教師になりたいなら、自分が働きたいと思う自治体で、講師登録名簿に登録する。講師（常勤講師）というのは、最長１年契約の非正規雇用の先生である。非正規雇用だが、学級担任や課外活動（クラブ）の指導など、仕事の内容は、正規雇用の（定年まで雇用が保障されている）先生（教諭）とほとんど違いはないことが多い。

教員養成の現状

特別支援級の担任でも、特別支援学校教諭の免許を持っている人は少ない。その場合、発達障害について、あまり知らない可能性がある。大学で普通の教員免許を取るのに必要な、特別支援教育に関する科目は１つだけ、つまり90分の授業×15回で22・５時間である。しかも、特別支援教育には、発達障害だけではなく、外国人児童、不登校、貧困といった発達障害以外にも特別な支援を必要とする児童・生徒の教育が含まれる。特別支援教育に関する科目以外にも、教育心理学（発達と学習に関する科目）や生徒指導、教育相談といった科目の中で、発達障害について触れられるかもしれない。しかし、その多くが断片的なもので、体系的に発達障害を知るのに十分な学習量ではない。

基本的に、普通の（教科の）免許しか持たない新任の先生の場合、発達障害に関する勉強は、座学で10～20時間程度だろうか。発達障害の子どもへの対処、また、科目を教えるための具体的なノウハウの訓練に至っては、ゼロと考えておいたほうがいいかもしれない。もちろん、正規の教師として採用されれば、教育委員会による研修や講習会もある。実際の教室にいる発達障害の子に出会う中で、対応できるようになってはいくだろう。

そもそも、大学での教員養成のカリキュラムは知識中心、つまりは「お勉強」である。教室で教えていくための実践経験は、教育実習の数週間だけである。もちろん、どんな職業、分野でも基本的な知識は必要である。ましてや、教師という「他者に教える」という職業において、担当教科に関する知識が不足していたりするようでは、冗談にもならない。したがって、大学（の教員養成のカリキュラム）で、知識を獲得させようとするのは当然である。

一方、教えることは行為であり、技術を伴う。技術を伴う行為には、知識だけでなく、実践経験が必要になってくる。数週間の教育実習で、そうした技術が身につくわけではない。

　多くの職業では、学校で学ぶことがその職業に直結している場合でも、実際に仕事ができるようになるまでは、一定の育成期間が必要である。会社などの組織の場合には、仕事の手順を上司や先輩が教えたりする。しかし、教師の場合、大学を出たての新任の先生でも、いきなり学級担任を持たされたりする。一応、新任の先生には、指導役の先生がつくらしいが、体系的な育成システムとしては、不十分なことが多い。正規採用ではない講師の場合には、ほとんど放置されているケースもある（でも、担任は持たされたりする）。

　そのため、教える技術の向上といったものが、本人任せになっている部分がある。こうした現状により、普通の授業でさえ、教師間の腕前には大きなばらつきがある。ましてや、障害や発達の状態によって、違いが大きい発達障害の子への対応となると、完全に素人レベルの人から、（少ないながら）発達障害専門の療法家レベルの人までいる。ただし、地域の小・中学校には、発達障害対応のプロと呼べるレベルに達している先生は少ない。

特別支援学校教諭免許

小・中・高の教員として教えるための普通の教員免許に対して、特別支援学校教諭免許は、名前の通り、特別支援学校で教えるための免許といえる。特別支援学校教諭免許は、単独で取ることはできず、小・中・高などの普通の教員免許を取った上で、その（基礎）免許の上に取り足す形になっている。

特別支援学校教諭免許の取り方としては、主に二つの方法がある。一つは、大学で普通の教員免許取得のための科目に加えて、障害などを含む特別支援（教育）についての科目の単位を取り、特別支援学校などでの教育実習を行うというものである。もう一つは、普通の教員免許のみで教師になった後に、特別支援学校などでの勤務を経て、教育委員会の講習などを受けるという方法である。

大学で（普通の教員免許に加えて）、特別支援学校教諭免許を取ろうとすると、その分受けないといけない科目数が増えて、負担は増す。しかし、特別支援学校教諭免許を持っているからといって、給与が上がったりはしない。優先的に特別支援学校や特別支援級に回される可能性が高まるので、普通学級で教えたい場合には、デメリットですらあるかもしれない。これでは、教員志望だったとしても、もともと障害児教育に携さわりたいと思って、教員養成系の大学に入学してくるような人を除いて、特別支援学校教諭免許を取ろうというモチベーションは上がりにくい。

なぜ教師になりたいのか？

教員免許は、大学で指定された科目の単位をそろえれば、取ることができる。多くの大学の、多くの学部、例えば、工学部や経済学部などでも、教員免許を取ることができる。もちろん、工学部では数学や理科といった理系科目の免許しか取れなかったり、経済学部では社会の免許しか取れなかったりといった、取れる免許の制限はある。一方、小学校（教諭）の免許や特別支援学校、養護教諭などの免許は、教員養成を主目的とした教育大学や教育学部でなければ取りにくい。

とは言え、どの学部に行っても教員免許は取れる。そのため、教員になりたい場合でも、大学進学に関しては、基本的には偏差値で進学できる大学・学部が決まってくるという面もある。残念ながら、教員養成学部の偏差値は相対的に低い[7]。同じ大学の中でも、他の学部よりも低いことが大半である。そんなわけで、教師になりたいという学生の中には、勉強の面で残念な人もいる。

また、教員志望の学生の中には、教師以外に、働く大人を間近で見たことがないという人が結構いるようである。そうした学生は、社会に出て働くことのイメージを持てないので、とりあえず自分がよく知っている唯一の仕事、また職場として、教師や学校を挙げてしまう。そうした学生にとって、教師（という仕事）とは、先生が教室の黒板の前で、教科書に沿った授業を行い、40人近い生徒が、みんな席に座って先生の話に耳を傾けてくれる、というイメージなのかもしれない。

しかし、教師の仕事や学校現場もさまざまな変化を求められている。対面での画一的な一斉授業は困難、もしくは適切ではなくなりつつある。さらに、学校のさまざまな仕事や役割も、それぞれ専門の職種が担う形になりつつある。自分の受けてきた学校教育に対して疑問を持たずに教師になった人に、そうした変化の受容は苦痛だろう。また、特別支援教育として、発達障害の子を担当することは、「理想の教師のイメージ」とは異なるかもしれない。

教師の質の低下

教師、そして教育関連の業界は、少子化が進む日本の社会では、基本的に斜陽産業である。そうしたことも相まって、教員の志願倍率は下がっている。実際、２０２３年度には、公立の小・中・高など学校全体の採用試験の倍率は3・1倍（ピークの2000年度は13・3倍）となり、小学校に至っては、過去最低の2・0倍まで下がった（中学校は3・7倍）。小学校教員の場合、秋田県、福岡県、熊本県、長崎県の1・3倍、大分県の1・0倍など、2倍を切る自治体も19以上に及ぶ。競争率が3倍を切ると、教員の質の維持が難しくなる。また、教員採用試験に限らず、選抜試験というものは、2倍を切ると機能しなくなると言われている。志願倍率が選抜として機能しない程度にまで下がると、その仕事に向いていない人を排除することができなくなる。

そうすると、勉強が苦手とか嫌いな人でも、教師になれてしまう。ちなみに、昔から（そして、今でも）、教科書の内容を理解できている高校生は、10人中3人と言われてきた。[8] 1990年代には大学進学率は30％後半だったから、単純に考えると、大学生の大半は高校で勉強する内容を理解していたかもしれない。それに対して、2020年代以降の大学進学率は60％近い。つまり、大学に進学する人のうち、半分ほどは、高校で勉強する内容が理解できていない可能性がある。平均よりちょっと上（日東駒専とか、関西だと産近甲龍とか）くらいの有名私立大文系の学生にも、「5÷0」という問題に「0」と答える人がたくさんいる。また、社会の教師になろうとしている学生が、「室町幕府が置かれたのは現在の何市?」

という質問に「室町市」と答えたり、「江戸城があったところは、今は何になっている？」という質問に「東京都庁」と答えたりする。[9]

多くの日本の大学（特に私立文系）は入ってしまえば、たいして勉強しなくても卒業できる。そのため、入学時に比べて、卒業までに大きく学力が伸びるという学生は少ない。もちろん、18歳から22歳前後の4年間というのは、いろいろな面で、大きく成長（成熟）する時期である。人格やコミュニケーション能力といった学力以外の面で、成長をみせる人も多い。おそらく、現在の大学生の多くは、高校卒業時点では幼すぎるので、大人（社会人）になるための成熟期間として、大学時代を過ごしているのだろう。個人にとってだけではなく、社会的にも、成熟のための期間として、大学（時代）があるのは、否定されることではない。

だが、この現状は、有名私大で教師を目指している学生が、高校1年生レベルの学力ということが普通にありえるということでもある。ちなみに、高校1年生レベルというのは、担当科目（教員免許の対象科目）についてのことである（なので、社会の免許を取る学生の数学のレベルは、中学1年生レベルといったことも普通にある）[10]。

これでは、先生が子どもたちに「勉強しろ」と言っても、効き目がないだろう。その結果、現在の学校は、子どもたちに勉強をさせる場所ではなくなってきている。学校では勉強できないので、子どもたちは、代わりに塾で勉強している。「普通」の子どもにすら、「勉強」させられない学校で、従来の授業のやり方では勉強することが難しい発達障害の子どもたちに、「勉強」を教えられるはずがない。現在の日本の学校が、発達障害の子どもたちに、良い環境を提供しているとは、とても言えないだろう。

1　大栗紙工株式会社のmahoraというノート。

2　進化論のチャールズ・ダーウィンのいとこであるフランシス・ゴルトンが１８８０年にこうした人々に関する記述を残している。

3　Zeman, A., Dewar, M. T., & Della Sala, S. (2015). Lives without imagery-congenital Aphantasia *Cortex*, **73**, 378-380.

4　特別支援学校教諭免許を持つ先生が足りないため、特別支援学校に関しても「幼・小・中・高の教諭免許状を有する者は、『当分の間』特別支援学校の相当する部の教諭等となることができる」とされており、地域によっては特別支援学校でも、特別支援学校教諭免許を持っていない先生が相当いるという状況もある。

5　取れる教員免許の種類が、大学では一種免許、短大では二種免許になる。二種免許の方が必要な単位数は少ない。二種免許で教員になった場合、一種免許への切り替えの努力規定があり、教育委員会の認定講習などで、一種免許に足りない単位を取得していく。

6　大学で教員免許取得用の科目の授業を受ける以外に、文部科学省が行っている教員免許認定試験に合格することでも教員免許は取得できる。

7　教育大学（のすべて）と多くの教育学部が国公立大学なので、そうした大学の学生の学力はそれなりに高い。国公立大学の入試では、大学入学共通テスト（旧センター試験）で主要5教科を課されていることが多く、5教科をまんべんなく勉強しなければならない時点で、あまり勉強しない人にはハードルが高い。

8　教科書の内容を理解できている、つまり、学年相当の学力がある生徒の割合は小学校、中学校、高校でそれぞれ7割、5割、3割と言われ、「七五三教育」と揶揄されたりしている。

9　「5÷0」の答えは「解なし（0では割れない）」、室町幕府が置かれていたのは現在の京都市（上京区）、江戸城（の跡）は現在の皇居。

10　私立文系だと入試科目に数学がないので、高校1年生の時点で数学Ⅰ・Aを受けたのが最後という学生も多い。連立方程式や因数分解ができる学生のほうが少ない。

第6章

小学校高学年：

知的障害がない!?

1．コミュニケーション能力

丁寧なしゃべり方

小学校高学年になった三男ヨウは、自分の興味のあることに偏っているものの、家ではずいぶんしゃべるようになった。大体はゲーム、マンガ、テレビのことで、学校でのできごとなどはほとんど話さない。次男オトも話す内容は、大体同じようなものである。オトがゲームやマンガの話を始めると、ヨウも口を出したい。しかし、口をはさむタイミングがなかなかつかめず、しばしば「誰も僕の話を聞いてくれない」と怒り出す。

タイミングよく会話に交ざることができないのは、ヨウ自身のコミュニケーション能力によるところもあるが、自閉症の症状の部分もある。会話が流ちょうになったことで、ヨウには、コミュニケーションの際の自閉症の症状が、いろいろ表面化してきた。

例えば、自閉症児はその年齢の子どもが使わないような、大人っぽい言葉遣いをしたり、常に敬語を使ったりと、不自然なしゃべり方をする場合がある。ヨウも、です・ます調でしゃべることが多い。家族以外としゃべっているときは、ほぼ、です・ます調である。家族に対しても、質問に対する回答は、です・ます調である。「おやつ食べた?」とか「宿題した？」と尋ねられると、「食べました」「まだです」と答える。

誰に対しても、どんな場面でも、同じ話し方をする自閉症の人は多い。ヨウのです・ます調での話し方もそれである。授業中、先生に質問されたときには、場面に合った答え方なので問題はない。しかし、クラスメートとも、この調子で話す。相手や場面に合わせて、話し方や距離感を柔軟に調整できない。一言で言うと、「間」を取るのが難しい。「間」をうまく取れないのは、コミュニケーションにおける、自閉症の人の根本的な障害とも言える。

ヨウは相手や場面に合わせて、話し方を変えるのが難しいので、いつも丁寧に話す。丁寧なしゃべり方の問題は、人との距離感がなかなか縮まらないことである。そのためだけではないが、ヨウは交流級（普通学級）で友達ができない。そもそも、ヨウの「です・ます調」は、大人からの質問に答えるためのしゃべり方である。そのため、まず、相手が質問や指示をしてくれないと、会話が始まらない。たとえ、相手が話しかけてくれても、ヨウが回答したところで、会話が終わってしまう。自閉症の人のコミュニケーションでは、孤立する、受け身すぎる、双方向の対人関係が作れないといった指摘がされることがある（「一方的過ぎる」こともある）。こうした対人関係の問題は、「間」の問題とともに、多くの自閉症の人に見られる丁寧な話し方のような、場面に合わない言葉遣いにも関係があるかもしれない。

固まる

家ではよくしゃべるようになったヨウであるが、学校では、それほどしゃべらない。それでも、小学校低学年では「ほぼだんまり」だったのが、中学年では質問に答えるようになり、高学年になると、自分の興味のあることをしゃべるようになってきた。

学校では、中学年以降、授業中に先生に質問されたときには、だいたいは答えているようである。しかし、自分の気持ちを尋ねられたときには答えられない、いや、答えないことがある。例えば、美術の授業で、周りの生徒が作業を終わっているのに、ヨウだけが完成していないといった場面で、先生に「もうそろそろ終わろうか?」と尋ねられたときに、「もう少しやりたい」と言うことができずに、黙って固まってしまう。

障害の特徴やヨウの行動パターンをよく理解している先生だと、ヨウが固まったときには、ヨウにとって、できないことや難しいことがあるか、予想していた見通しと違っていたのだろうと気づいてくれる。そして、ヨウができることを提示することで、石化を解いてくれる。しかし、ヨウのことをあまり知らない先生だと、そうした対応は難しい。

ヨウは、家でも固まることはある。ただ、家で固まるのは、宿題をやりたくないときやオトとケンカをしたときである。小学校低学年の頃のヨウは、やりたくないことや嫌なことがあると、正座の姿勢で上半身を倒し、顔を床につけたまま目を閉じて丸まったり、体育座りで耳をふさいだままじっとしたりと、文字通り固まっていた。しかし、小学校高学年くらいからは、自分の部屋に引きこもり、ベッドに潜り込むようになってきた。ただ、様子を見に行くと、布団の中でゲームをしていたりする。そして、（ゲームをしているのを見つかったことに）逆切れして、「キー」みたいな声を出して布団の中で丸まる。単なるふて寝である。

末っ子なので、甘やかされて育ったヨウは、やりたくないことがある場合には、できないふりをしてスルーすることを学習してしまった。小学校低学年くらいまでは、固まれば、親や兄たちがやってくれたことで、ことばが増え、発達的に伸びても、固まって（いるふりで）その場をやり過ごす術《すべ》を身につけてしまった。

ヨウは、都合の悪いこと、例えば「宿題やったの?」と尋ねられると、固まるだけではなく、答えない。幼児期後半から小学校入学のころのヨウは、会話の内容がちょっと難しくなると、答えられずに黙り込んでしまっていた。その頃のヨウは、本当に何と答えたらいいのかわからないので黙っていた。しかし、流ちょうに会話ができるようになった中学年以降も、質問に対して黙りこくってしまうときがある。もちろん、本当に何を言えばいいかわからないときもあるが、大半は都合が悪いので黙っているだけである。ちなみに、長男セイも小学校低学年くらいまでは、同じようにだんまりを決め込むことがあった。

ヨウも小学校高学年になると、怒られると、仕方なく答えるようにはなってきた。しかし、中学年くらいまでは、だんまりから石化へと移行することで、スルーしようとすることもあった。そうしたときには、こだわりがあってできないのか、単なる我儘なのかが、父にも母にも見分けがつかないことも多かった。

自閉症の人の「間」

小学校低学年のころ、ヨウがしゃべる内容は仮面ライダーばかりだった。次第に、マンガやゲームの話に広がり、小学校高学年くらいからは、お笑いの話が増えてきた。ちょうど、「お笑い第7世代」がはやり始めたころである。ちなみに、セイも小学校低学年のころには、お笑いにはまっていた。オトはお笑いやバラエティ番組を見ることはあるが、それほど執着はない。こうした好みも、セイとヨウは似ていて、オトはちょっと違う。

クイズやお笑いなんかのバラエティ番組を見ているときに、自分の知っていることがあったり、好きな芸人が出ていたりすると、ヨウはしゃべりたい。しかし、そのときに番組でやっている内容とは全然違う、他の番組で見たことを話し始めたりする。家族は、ヨウのそうした言動に慣れている。ヨウは気に入った芸人のコントや漫才を録画して、繰り返し見るので、家族も何となく見ていることが多い。そのため、唐突にヨウが言い出したことにも、「あれのことか～」と思いながら聞いている。しかし、家族以外だと、ヨウが突然、何をしゃべり出したのかがわからないだろう。

夕食の最中などには、ヨウがしゃべろうとしても、先に兄たちが話し始めてしまう。会話の合間にしゃべればいいのだが、ヨウは他の人が話しているとき、会話に入るタイミングがつかめない。と同時に、しゃべり始めると、途中でうまく間を取って、相手に話（を始めるきっかけ）をふるのが難しい。他の人は、ヨウがしゃべっている途中に割り込まないと会話にならない。ヨウは自分の話が終わったとたんに満足して、テレビに注意が戻ったり、その場を立ち去ってしまったりする。

自閉症の人は、自分の好きなことを話すときに、饒舌になり過ぎることがある。自分の好きなことに饒舌になるのは、誰しも同じだが、違いはタイミングかもしれない。会話に入っていくタイミング、話を好きなことに持っていくタイミング、相手に話をふるタイミング、話を切り上げるタイミング。自閉症の人は、こうしたタイミングが上手くない。間が悪い。

自閉症の人は、表情や話しぶり、視線などから、相手の気持ちをくみ取ることができないと言われる。しかし、くみ取れないのは、相手の気持ちではなく、タイミングかもしれない。タイミングがくみ取れないのは、会話中に相手の顔を見ていなかったり、逆に一点を見つめていたりすることがあるためかもしれない。タイミングをはかるためには、相手を見ないといけない。さらに、一点だけを見るのではなく、表情や話しぶり、視線などに、注意を漂わせる必要がある。そうした、相手の全体を含むように注意を漂わせることが、自閉症の人には難しいようである。

相手の全体を含むように注意を漂わせることができないのは、自閉症の障害（症状）だと思われる。そこを改善することは難しそうであるが、打つ手がないわけではない。まず、自分には、そうしたことが難しいと認識する必要がある。その上で、相手の表情、話しぶり、視線のうち、自分が注意を向けやすいものを意識しながら、タイミングをはかる。これで、多少は間が取れるようになっていく。パターンの決まった会話（知り合いと会ったときの挨拶とか）なら、何とか対応できるはずである。

こうしたタイミングの悪さは、自閉症に限らず、会話やコミュニケーション（能力）に自信のない人の多くが感じている。自閉症ではない人の場合、不得意とは言え、相手の全体に注意を漂わせることが、できないわけではない。ちょっと意識するだけで、タイミングを掴むことができ、会話がスムーズになるだろう。

しっかり者の女の子

幼稚園では、ヨウも含めた何人かの特別支援対象の子どもに、１人の加配の先生がついてくれていた。ただ、加配の先生は、多動傾向の子に、手を取られることが多いようだった。多動傾向の子は、どこかに行ってしまったり、他の子を叩いたりするので、目を離すことができない。それに対して、ヨウは基本的に大人しい。手を引かれると、引かれるままについてくるし、「座って」とか「これ持って」といった簡単な指示には、素直に従う。そのため、他の部屋や園庭への移動などのときには、先生の代わりに、しっかりした女の子が、ヨウの手を引いて、連れて行ってくれることもよくあった。お弁当を食べた後の片づけのような、日常のさまざまな場面でも、ヨウは、しっかりした女の子のお世話になっていた。と言っても、ヨウとお世話をしてくれる女の子の間で、会話が成り立つことは、ほとんどなかっただろう。女の子からすると、手を引けばついてくるし、ある程度は指示に従う、等身大のお人形みたいなものだったのかもしれない。

小学校の交流級でも、ヨウはしっかりした子（大抵は女の子）に助けてもらうことがしばしばあった。先生が、しっかりした（女の）子のいる班に、ヨウを入れたりしているようだった。同じ幼稚園の出身で、ヨウのことを知っている（女の）子が、助けてくれることもあった。

小学校低学年の間は、ヨウも素直にお世話をされていた。しかし、3〜4年生くらいから、お世話への拒否感を示し始めた。どうやら、「ああしろ」「こうしろ」と、次々と指示されるのが嫌らしい。ヨウは、ご飯を食べるとか、絵を描くなどの一連の行為において、一つ一つの手順は丁寧なのだが、次の手順に進んだり、行為全体を終えるのが遅い。その途中で急かされたり、「代わりにやってあげる」と手を出されるのが、嫌なのである。

相手が親や先生の場合も同じで、急かされたり、手を出されたりすると、ヨウは怒り出したり、泣き出したり、拗ねて何もしなくなったりする。ヨウがそうした状態になると、親や先生は、急がせたのがまずかったのか、とか、手を出したのがまずかったのかと考える。また、そうならないように、無理に急がせたり、手を出したりしない。

だが、もちろん、周りの子どもたちに、そんな細やかな配慮はできない。ヨウは、交流級では、周りの子どもたちの行動（のスピード）についていけない。当然、しっかりした女の子に急かされたり、「代わりにやってあげる」と手を出されたりする。ヨウ自身は自分でできると思っているし、実際に時間をかければできることも多い。ヨウと（ヨウからすれば、よけいな）お世話をしてくれる女の子の間の、認識のギャップが大きくなったようである。だが、ヨウは女の子に、「嫌だ」とか「自分でできる」と、はっきり言うことができない。ヨウの中に、（自分にかまってくる）女の子への苦手意識が形成されていった。

「普通」の子たちとの触れ合い

ヨウには、特別支援級で受ける科目と交流級で受ける科目がある。そのため、交流級の教室と特別支援級の教室の間を、行ったり来たりしなければならない。ヨウの小学校では、特別支援級の教室は1階にある。普通学級は、学年が上がるほど上の階となる。そのため、ヨウは休み時間の大半を、移動に費やしている。思った以上に、ヨウが交流級で、クラスメートと自由に接触する機会というのは少ない。

幼稚園や保育園では特別支援級のような制度はない。加配の先生がつくなどの、さまざまな配慮があるので、全く同じではないにせよ、発達障害のある子も、障害のない子どもたちの中に交ざっている。そのため、小学校でも、普通学級で障害のない子どもたちと触れ合うことを期待する親もいるかもしれない。

　しかし、知的な遅れが大きかったり、多動が激しかったりすると、授業の多くが特別支援級で行われる。それはそれで、先生が少数の生徒をじっくり見てくれるので、良い面もある。ただ、交流級で障害のない子どもたちと触れ合う機会は、物理的に少なくなる。ヨウのように、交流級での授業がそれなりにある場合も、移動などに時間を取られ、自由なコミュニケーションの機会はそれほどない。あったとしても、クラスメートによる「支援」になることが多い。

　これまでも何度か触れてきたが、現在の学校や教師は、子どもに勉強を教える、もしくは学力をつける（勉強させる）ということを重視していないように感じられる。特に、発達障害の子どもたちの学力については、「障害があるんだから、この程度でいいんじゃないか」といった空気が漂っている。その分、多くの発達障害の子どもたちの課題である、コミュニケーション能力や人間関係を育てる能力の形成に熱心かというと、そんなこともない。それが交流級の子どもたちとの接触の少なさに表れている。そんなふうに、発達障害の子どもたちに対する学校の取り組みは、勉強と勉強以外のどちらも、中途半端になっている。

　それでも、発達障害の子が、普通学級で授業を受けることについて、しばしば「障害児が普通学級にいることで、周りの子も、障害児への接し方を「学ぶ」的なことが言われる。学校が、コミュニケーションや社会性を学ぶ場だとすると、一理あるかもしれない。しかし、学力をつけるという学校の目的からすると、子どもは「自分が」勉強するために学校に来ている。障害のあるクラスメートとかかわる（しかも、かかわりの大半が支援である）ために来ているわけではないので、普通学級の子どもにとっても、それなりの負担になっている。

2. 知的障害のクラスから情緒障害のクラスへ

特別支援級

ヨウは小学校入学時に特別支援級を希望し、配属された。特別支援級というのは、知的障害、肢体不自由、病弱・身体虚弱、弱視、難聴、言語障害、自閉症・情緒障害といったカテゴリー（種別）に分かれている。小学校入学の際には、ヨウは知的な遅れが目立つ状態だったので、知的障害のクラスに入ることになった。

どの学校に特別支援級が設置されているか、といったことは、入学前の時点でわかる。また、見学の機会もある。ただ、特別支援級にカテゴリー（種別）があることや、どのクラスがどのカテゴリーなのかといったことは、ほとんど説明されない。かなり大きな学校以外は、特別支援級が1～2クラスしかなく、1つのクラスに複数のカテゴリーが交ざっているケースが多いことも、説明がされない理由かもしれない。

しかし、知的障害、肢体不自由、病弱・身体虚弱、弱視、難聴、言語障害、自閉症・情緒障害という特別支援級のカテゴリーを見てもらうとわかるように、カテゴリーごとにかなり異なる対応が必要となる。カテゴリーの存在や、それぞれのカテゴリーでの対処方法は、（発達）障害のある子とその親にとっては、特別支援級と普通級のどちらを選択するかを決めるために不可欠な情報のはずだが、十分に説明されないことが多い。

小学校入学の際には、ヨウの知的障害のクラスへの配属は、適切だったと思う。しかし、その後、ひらがなが読めるようになり、会話もある程度成り立つようになってきた。また、学校での生活そのものは、細かい指示や支援がなくても、一人でできるようになってきた。そのため、授業や勉強について、どの程度学年相当の力をつけるかが、ヨウの新たな課題として見えてきた。

勉強のわかり具合

勉強がどの程度わかっているかについて、すごくおおざっぱに分けると、次の4段階になるだろうか。

①何をすればいいのか、よくわからない状態（どんな問題も解けない状態）

②わかること（解ける問題）とわからないこと（解けない問題）がある状態。ただし、何がわからないのかは、わからない（認識できない）

③わかること（解ける問題）とわからないこと（解けない問題）があるが、自分のわからないことがわかる（認識できている）。ただし、具体的に何をすればいいのかは、わからない

④わかること（解ける問題）とわからないこと（解けない問題）があり、何をすれば、わからないこと（解けない問題）が、わかる（解ける）ようになるのかがわかる

小学1年生の頃のヨウは①の状態だった。「筆箱から鉛筆を出して」「プリントの上のところに名前を書いて」といったふうに、いちいち次にすることを指示してもらって、やっとそ

の動作ができる。他の子は、プリントを配られると「プリントの問題を解くんだ」と思うし、周りの子が教科書を取り出したことに気づいて、自分も教科書を取り出す。ヨウは、そうした周りの動きに気づくことが難しいし、気づけたとしても、自分も同じようにすればいいということがわからない。そのため、具体的な指示がないと、じっと固まってしまう。小学校低学年頃には、家では、してほしいことやできないことを訴えられるようになってきたヨウだが、学校では、先生とマンツーマンの場面以外では、声をあげることができなかった。

①の状態だと、交流級で他の子と一緒に授業を受けることは難しい。ヨウは、何をしたらいいかわからないと固まってしまうだけなので、授業の邪魔になったりはしない。しかし、それではヨウ自身は何も習得できない。そのため、特別支援級でマンツーマン（他の子もいるので、実質3対1とかだが）で、文字の読み書きや計算を教わることになった。ヨウ自身は、何をやっているのかよくわからないままに、言われたことを繰り返す感じだっただろう。まずは、ひらがなの読み書きや足し算・引き算の習得が課題だったので、本人がしていることをわかっていなくても、とりあえず繰り返すことで身につける方法が通用した。

学校に慣れてくると、いくつかの教科は交流級で受けるようになったが、何をするにも時間がかかる。図工の時間に絵を描いても、他の子は時間内に描き終わるが、ヨウは描き終わらない。自閉症の特徴として、やっていることを、途中で一旦止めるのが難しい。そんなときには、どうすればいいのかわからなくなって、泣いてしまうこともよくあった。

小学1年生の頃は、簡単な読み書きと足し算・引き算ができることが目標だったが、ひらがなを読めるようになるのにずいぶん苦戦した。その頃のヨウの様子だと、小学校高学年になるころには、まったく勉強についていけなくなっているだろうと父は想像していた。そして、中学校は、特別支援学校を考える必要があるかも、とうっすら思っていた。

その後、中学年になり、学校で起こることや、やることのパターンがようやくつかめてきたということもあり、ヨウの勉強のわかり具合は、②の状態になってきた。もちろん、わからないことは多いし、解けない問題も多い。それでも、何とか、解ける（わかる）問題と解けない（わからない）問題の区別ができる状態にはなった。

スムーズに字を読めるようになってくるとともに、勉強に苦戦はするものの、まったく手も足も出ないというわけではなくなってきた。テストでは、字を書くのに時間がかかるために、試験時間を延長してもらうということもあったが、ある程度は埋めることができる。時間がかかる理由の一つに、わからない問題をとばして、他の簡単な問題を先に解答するのが難しいことがある。この傾向は宿題のドリルをやるときなんかにも表れて、解けない問題で止まってしまい、宿題が終わらないというのが悩みになっていった。

いわゆる健常の子どもたちの多くは、「わからない」ことをやり過ごすのがうまい。授業の内容はわからないが、先生がしゃべっている日本語はわかるので、「それなりにわかった」としてしまう。「なんちゃって学習」「なんちゃって理解」に過ぎないが、授業中にちょっとわからないことがあっても、とりあえずやり過ごすことができる。

一方、自閉症を始めとした発達障害の子どもの中には、わからないことやできないことがあると、「とりあえず脇に置いて」先に進むのが難しい子がかなりいる。ヨウもそうした傾向がある。ただ、先生が「そこは放っておいて、次の問題をやろうか」と声をかけてくれたりすると、行動を変えることができる。しかし、自分で「この問題はわからないからとばそう」と判断することは難しい（し、やりたくない）。

内申が出ない!?

知的障害と情緒障害のクラスでは、名前の通り、対象とする障害が違う。知的障害クラスの対象となるのは、知的な遅れがあり、コミュニケーションが難しかったり、日常生活の一部で援助が必要な子どもである。情緒障害クラスの対象となるのは、コミュニケーションや対人関係に困難があり、心理的な要因などで社会生活への適応に困難がある子どもである。自閉症の場合、知的な遅れがない、もしくは小さいと、情緒障害のクラスに入っていることも多い。

ここで重要なのは、情緒障害クラスは「学習指導要領」にそった授業を行う一方で、知的障害クラスは「特別支援学校学習指導要領」に合わせた指導を行う点である。学習指導要領とは、文部科学省が定めている教育課程（カリキュラム）の基準である。小学校や中学校の学習指導要領では、いわゆる国語、算数といった教科の、どんな内容を、どの学年で教えるかが細かく示されている。情緒障害のクラスでは、原則的に、普通学級と同じく通常の学習指導要領に沿った学習指導が行われる。

それに対し、特別支援学校学習指導要領は、小学校や中学校の通常の学習指導要領とは内容が異なり、障害に合わせた指導をすることを目標としている。そのため、特別支援学校学習指導要領に合わせた指導を行う知的障害のクラスでは、子どもの知的発達の状態に合わせて、下の学年の目標や内容に入れ替えた授業を行うことができる。

しかし、知的障害のクラスでは、授業で扱っている内容や進度が異なるので、普通学級と同じように成績評価を出すことができない。よって、普通学級とは異なる基準で、通信簿がつけられる。小学校の間は、特に困ることはないが、中学校になると困る。高校を受験するときに内申点が出ない（可能性がある）のである。中学校の特別支援級（知的障害のクラス）に在籍している場合、内申（点）を出してもらえるかどうかは、学校の判断による。内申（点）を出してもらうためには、普通学級の生徒と同様に定期テストを受ける必要がある。定期テストを受けるということは、特別支援級でも、教科に関して、普通学級の生徒と同じ内容・進度の授業を受ける必要がある、ということになる。

情緒障害のクラスへの変更希望と却下

ヨウの小学校は児童数が多い。特別支援級も5クラスあり、知的障害のクラスと情緒障害のクラスが分かれている。小学校入学時のヨウには発達の遅れがあり、トイレや着替えなどにも補助が必要だったため、知的障害のクラスに入ることに疑問はなかった。と言っても、教育相談の場を含め、知的障害と情緒障害のクラスの違いの説明はなかった。また、ヨウが知的障害のクラスに入るのが、適切である理由を聞いた記憶もない。父と母は職業柄、特別支援級に知的障害と情緒障害のクラスがあることや、その違いは知っていた。しかし、知的障害のクラスでは、内申（点）が出ない（可能性がある）ことまでは知らなかった。

学年が進むにつれて、ヨウは日常生活での補助は、それほど必要なくなってきた。学習についても、マンツーマンに近い状態なら、形はできてきた。科目によっては交流級で受け、理解は不十分なものの、授業中に迷惑をかけたりはしていないようだった。小学校高学年を前にして、ヨウは科目によっては、わかること（解ける問題）とわからないこと（解けない問題）があるが、自分のわからないことがわかる（認識できている）、ただし、具体的に何をすればいいのかはわからないという、「勉強のわかり具合」（２２９頁参照）でいう、③の状態になってきた。

また、そのころ、病院の発達外来で受けた知能検査の結果、ヨウの知能指数（ＩＱ）は85前後だった。一般的に、平均の知能指数はＩＱ85～１１５で、ＩＱ70～85は知的障害のグレーゾーンといわれている。よって、父と母は、現状のヨウに、大きな知能の遅れはない（知的障害とはいえない）と判断した。中学校以降のことも考えて、知的障害のクラスから情緒障害のクラスへのクラス替えを学校に申し出た。

小学校入学時に特別支援級と普通学級のどちらにするかという選択については、就学時健診や就学相談のような形で、ある程度制度化されている。しかし、在学中の、種別の異なるクラスへの変更については、どのような形で行えばいいのかわからなかった。そのため、特別支援級（知的障害）の担任の先生に、次年度から情緒障害のクラスへ移りたいと伝えた。

希望を伝えたとき、特別支援級の担任の先生は、情緒障害のクラスのほうが、ヨウの現状には合っているかも、という反応だった。しかし、その後、クラス変更は難しいという返事がきた。ただ、その返答は普段、特別支援級の先生と家庭の間でやりとりをする連絡ノートに、「クラスを移るのは難しいようです」と書かれていただけだった。

判断したのが誰なのかもわからないし、その理由もわからない。「移れない」という判断に不服がある場合の申し立ての方法も示されていない。もう一度、情緒障害のクラスに移る希望とともに、移れない理由や、不服の申し立ての方法を教えてほしいと伝えると、「教頭を交えて面談したい」という返答がきた。

そこで、父と母で面談に出向いた。参加者は父と母と教頭、特別支援級の担任、特別支援コーディネーターでもある他の支援級の担任だった。父は、移れない理由や判断基準が示されると思っていた。しかし、そうした説明はなく、父と母が、移りたい理由や移った方が良い、また移ることが可能だと考える根拠を話すだけで、時間が過ぎていく。学校側は、知的障害のクラスから情緒障害のクラスに移れるのか、移れないのかもはっきり言わない。

どうやら、学校側に、はっきりした根拠や基準があるわけではないようで、学校側のメンバーのスタンスもバラバラだった。ヨウの特別支援級の担任は「学力的には伸びてきており、知的障害のクラスでなくても……」といった態度であった。特別支援コーディネーター（他の支援級の担任）は中立、というと聞こえはいいが、教頭と私たち夫婦の顔色をうかがっているような感じだった。教頭も「絶対に移動は無理」といった強硬な姿勢ではなく、「どうしたものか……」と様子をうかがっているようであった。

想像に過ぎないが、次のような流れだったように思う。現場でヨウにかかわっている先生たちは、クラスを移ることに問題を感じていなかった。しかし、ヨウの現状をよく知らない管理職（教頭や校長）は、お役所仕事的に、前例がないので「無理」と判断した。きっと、「親のほうも『知的障害』より『情緒障害』のほうがマシ、くらいの理由なんだろうから、『移動は難しい』と伝えれば引っ込むだろう」といった軽い気持ちで指示したのだろう。

ところが、私たち（父と母）に移りたい理由や移ることが可能だと考える根拠を示されて、教頭のほうは「移るのは無理です」と言えなくなったようだった。こちらが希望を伝えて、理由や根拠を説明してしまうと、学校側が移れない理由や判断基準を示すわけでもない。交渉といった形にもならず、ダラダラした時間が過ぎ始めた。

どこがどんな基準で決めるのかを尋ねると、就学時の就学相談の仕組みを示してきた。父が就学時の仕組みや手順ではなく、在学途中での特別支援級の種別の変更について知りたいと言うと、何だか口を濁して曖昧な返答に終始する。生徒をどのクラスに配属するかは学校、強いて言えば校長が決定できる。おそらく、特別支援級に関しても同じなのだろう。しかし、支援級に関しては、就学時には就学相談などの仕組みがあり、教育委員会から特別支援学校か特別支援級か、支援級ならどの種別が適当かといった情報がもたらされる。在学中に教育委員会の「指導」と異なる処置をすることは、校長や教頭にとって（教育委員会に対して）忖度すべき事案なのかもしれない。また、親の希望で配属先を変更するということを受け入れるのに、躊躇もあるだろう。

　交渉が膠着《こうちやく》状態に陥り、このままでは埒《らち》があかないと感じた父が、知的障害のクラスから情緒障害のクラスに移れないという決定を、その決定をくだした機関や役職者名が明示された文書で（できれば理由も含めて）もらえるように求めた。加えて、その決定に不服がある場合の、不服申請の窓口や方法についても、文書で欲しいことを伝えた。すると、「学校が窓口になるので……」という答えが返ってきた。就学時の進学先（特別支援学校か特別支援級か普通学級か）については、不服があった場合、教育委員会に申し立てるようになっている。全国では、それでもめた末に、裁判になったケースもある。父が「手続きや窓口を示してもらわないと、最終的に裁判に訴えるようなケースも含めて、これからどのような手順をたどればいいのかわからないので」と伝えると、「検討します」だか「善処します」だかのお役所的な回答が返ってきた。

翌日、変更を認めるという連絡が、特別支援級の担任の先生から電話（つまり、口頭）であった。父は母に、「裁判に訴える」といった脅すようなことを言ってはダメだと叱られた。

3. 学校で学ぶということ

学校での学び方

3、4年生で知的障害のクラスに所属している間も、ヨウが交流級で受ける授業は増えていた。国語や算数は特別支援級で、理科や社会と音楽、図工、体育は交流級で受けていた。

ヨウは大人しいし、言われたことは素直にやるので、交流級の授業に参加しても邪魔にはならない。ただ、交流級の授業では、ときどき固まったり、泣いたりして、特別支援級に戻ることがあった。何をすればいいかわからないときには、隣の席の子に尋ねることができればいいのだが、ヨウは自閉症児らしく、そうしたコミュニケーションが不得意である。そして、ヨウは特別支援級と交流級を行ったり来たりしているために、交流級の子とのコミュニケーションの機会が（授業中以外は）ほとんどない。

先生が教室の前でしゃべり、黒板に板書していく伝統的なスタイルの授業ならば、授業中に、他の子と話したりすることはそれほどない。クラスメートとあまりコミュニケーションが取れていなくても、学習という意味では大して困らない。しかし、現在の学校では、授業の中で生徒同士が話したり、一緒に作業をしたりする形の授業が増えている。アクティブラーニング（文科省は「主体的で対話的な深い学び」と呼んでいる）というやつである。この形の授業だと、クラスメートと十分にコミュニケーションの取れないヨウは、あまり参加できない。他の子たちが議論したり、共同で作業をしたりしているときには、ぽつんと、そして、ぼんやりしているしかない。

学校では、アクティブラーニングとして、子ども同士が話し合うような機会を、授業にかなり取り入れている。例えば、その授業で取り上げられているテーマについて、さまざまな側面からの課題や、課題に対する答え（仮説）を考えたりするための話し合いである。とは言え、子ども同士の話し合いでは、内容が整理されていないことも多い。さらに、実際には、「先生がどんな解答を欲しているか？」について、子どもたちで調整する話し合いになっていることが多い。空気の読める子が、勉強のできる子に解答案を出すことを促し、出された解答案を他の子たちが了承するという流れになってしまっている。発達障害の子どもたちの多くは、そうした「話し合い」のテーマや論点を理解することが難しい。内容はわからないのに、「決まったこと」にうなずくだけになってしまうことも珍しくはない。

自閉症のヨウも空気を読むことはできないし、他の人にわかるように話すことが苦手なので、子ども同士の話し合いでは、お地蔵さんになっている。多くの場合、他の子たちが何を話しているのかもわからないため、ノート（メモ）を取ることもできない。ヨウだけではなく、勉強が苦手で授業の内容がわからない生徒も、話し合いのグループに「いる」だけで、「主体的で対話的な深い学び（アクティブラーニング）」をしたことにされてしまう。

自閉症児のための工夫

ヨウにとって取り組みやすい授業とは、一言で言うと「パターン化された授業」である。現在の学校がアクティブラーニングに取り組んでいるという話をしたが、一方で、授業のパターン化も進んでいる。第１章でも紹介したが、現在の学校での、典型的な授業の流れは、次のようなものになっている。

①前回の授業でやったことが（項目で）示される。簡単な問題形式になっていることもある。
②その日の授業で扱う内容（テーマ）について、簡単な問題や疑問が示される。「自分でこの疑問について考えてみよう」といった指示がされる。その後、多くの場合、先生がヒントを出す。
③先生が②で示されたテーマや問題について、説明や解き方を示す。生徒を指名し、その答えをサンプルとすることもある。
④応用問題や発展的な疑問が示され、班（グループ）で話し合う。
⑤班の代表がクラス全体に対し、班で話し合った内容を発表する。
⑥先生が各班の発表の後に、説明もしくは論評する。

④とか⑤のあたりが、アクティブラーニングである。先ほども述べたように、④のグループでの話し合いでも、勉強のできる子が出した解答案を、他の子たちが了承するだけのことが多い。すべての子どもにとって「アクティブラーニング」なのかは疑問ではあるが、いず

れにせよ、全体の構成は、かなりパターン化している。おかげで、ヨウも交流級での理科や社会の授業では、目立たない程度には、他の子と同じような行動をとることができる。授業の流れは、先に示したように①→②→③→……と分割された形に構造化されている。ただし、実際には、これらの①→②→③→……といった流れは明示されるわけではない。例えば、③に入る際に「今から説明をします」といったふうに、③の段階に入ったことが宣言されるわけではなく、自然と説明に入っていくことが多い。こうした明示されない形での自然な場面の転換が、ヨウには理解しづらい。ヨウにとって取り組みやすい「パターン化された授業」というのは、授業の流れがはっきりと示されていて、かつ、毎回、決まった流れで行われるような授業である。そして、授業の中では、場面の転換がはっきり示されるとともに、今はどの場面（段階）なのかが、常に示されていることが望ましい。

例えば、黒板の端に**図6－1**のようなボードを設置し、今、どの場面（段階）なのかが表示されているとわかりやすい。場面転換の度に、先生が「では、③の説明に移ります」といった感じで場面転換を明言する。そして、今、授業で、どの場面（段階）かは、項目の右端にマグネットなんかで表示する（図中の右端）。単純化すると、授業全体のスケジュールの見取り図を示した上で、現在の地点を示しながら、授業が進んでいくということである。

図6-1　授業の流れ（段階）を示すボード

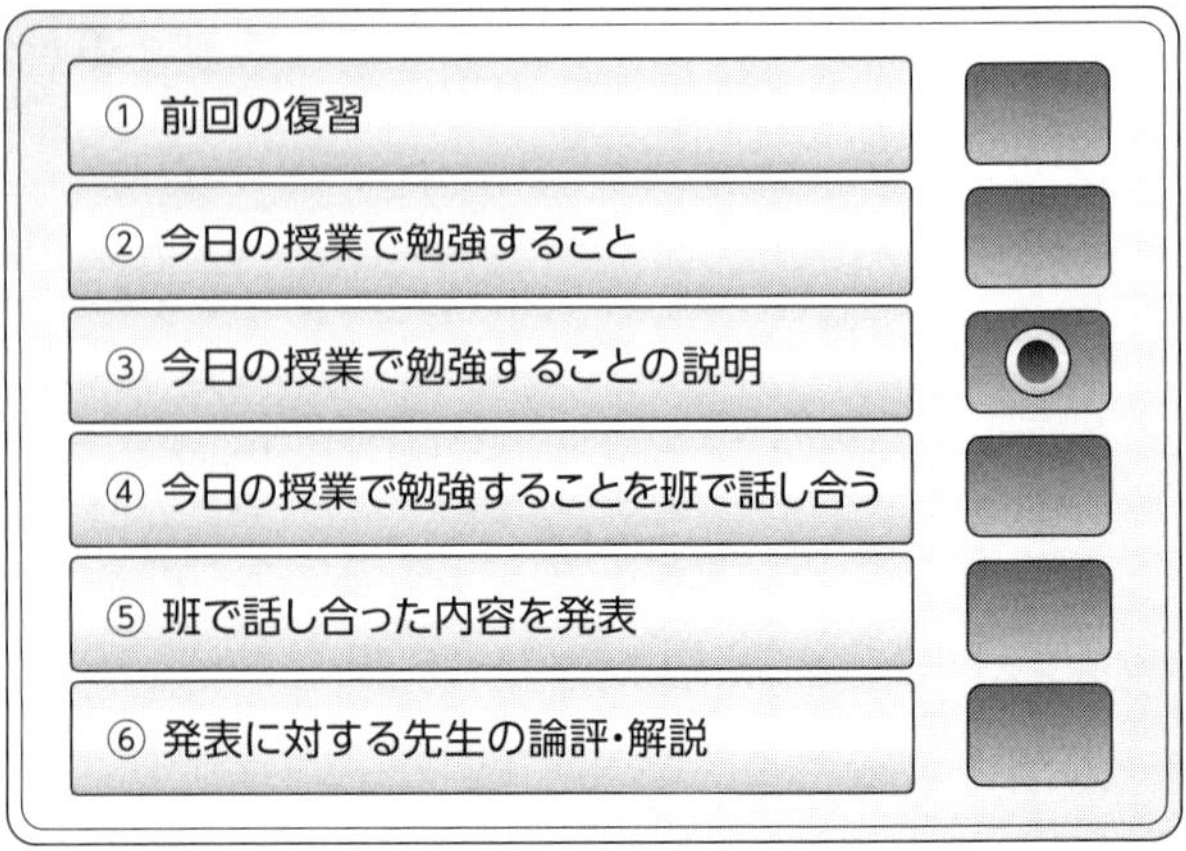

出所：筆者作成

ヨウが学ぶにあたって、必要なもう一つの要素が、反復である。ヨウが覚えたり、やり方を身につけたりするためには、他の子より多くの練習が必要である。これは自閉症の特徴というよりは、知的な遅れの表れである。とは言え、ヨウの知能はＩＱ85前後である。ＩＱ85～１１５は「普通の知能」なので、数値だけからみれば、障害としての知的な遅れとまでは言えない。ヨウくらいの「知的能力が少し低め」の子は、それほど珍しくない。

「知的能力が少し低め」の子たちは、平均程度の子たちと比べて、知識や技術の獲得に繰り返し（の回数）が必要となる。公立の学校の授業は、平均（ＩＱ１００）か平均よりちょっと下くらいの子をイメージして、組み立てられていることが多い。そのため、ＩＱ70～85の「知的に少し低め」の子にとっては、知識や技術が定着しないうちに、授業が進んでしまう。そして、それが積み重なることで、まったく勉強がわからなくなる。

アクティブラーニングが推奨される中で、子ども同士の話し合いや「調べ学習」に授業時間が割かれるようになり、一人で計算を繰り返したり、漢字の練習をしたり、といった時間は削られている。学校や先生も、繰り返し練習の時間が足りないことは意識している。そのため、授業中にできない繰り返し練習については、計算ドリルや漢字ドリル（もしくは、そうした繰り返し学習のためのプリント）なんかを宿題にすることで、カバーしようとしている。ただし、こうした宿題は「すべての」子どもに同じように出される。それでは、ヨウのような子たちにとって、十分な繰り返しにはならはない。その一方で、「ほんの少し低め」の子たちは、出された宿題をこなすだけでも、一杯いっぱいになることも多い。

「ほんの少し低め」の子たちにちょうどいい「繰り返し」は、平均的な子たちがやるドリルやプリントよりも、①簡単な内容で、②繰り返しを多く、③時間を置いて繰り返す、というものである。ただ、②や③を、他の子たちと授業の進み具合を合わせてやっていくことは難しい。ヨウの場合、3年生のときの特別支援級の担任だった山田先生は①～③のような工夫をしてくれた。特別支援級のようなマンツーマンに近い授業だからこそ、できたことだろう。

公文式学習

次男オトが高学年になって学習塾とＫＵＭＯＮ（通称・公文）に行き始めたので、母はヨウについても勉強系の習い事を考え始めた。そこで、５年生から、公文で算数を始めることにした。公文は、ヨウのような子たちにちょうどいい「繰り返し」の学習（法）である。オトが一緒にいるので、何かのときには頼れるということも決め手になった。

公文の学習法は、Ｂ６サイズのプリントを自分で解いて、できたら採点してもらい、間違ったところを直すというパターンになっている。また、プリントの構成も算数、数学に関しては、基本的に計算問題が並んでいるだけなので、やることがわかりやすい。週に２回教室に通う以外は、毎日30分程度宿題（教材のプリント）をする。公文が続かない原因の多くは「毎日宿題をすることができない」ところにあると思われる。しかし、自閉症のヨウはそうした「毎日決まった時間に、決まった手順で行動する」のは苦にならないので、公文のようなスタイルは「パターン」としてやりやすいのではないかと思われた。

実際に公文に通い始めると、教室に行った際に、どの席に座ったらいいか（席は自由）に迷ったり、どのタイミングで誤答を直したプリントを出したらいいかがわからずに固まったりすることもあった。しかし、学習のスタイルは合っていたようで、中3になった現在まで（途中でやめたいと言うことは、何度かあったものの）続いている。

公文では、子どもの学年相当の内容を学習するわけではなく、最初は本人の実力に合わせて、実際より低い学年で習う内容から始めることが多い。ヨウは小学5年生の1学期に始めたのだが、最初は1年生レベルの教材だった。学校の勉強ではわからないことも多いヨウだが、さすがに5年生のヨウにとって、1年生の算数（1桁や2桁の足し算や引き算）は簡単だった。どんどん問題が解けることで、毎日宿題（教材のプリント）をするのがスムーズに習慣（パターン）化していった。

6年生の半ばまでの1年半くらいで、1～5年生の教材はやり終え、6年生の夏くらいには学年相当（6年生）の教材に進んだ。その後は進度が遅くなり、1学年分を進むのに半年以上かかるようになったが、その頃には毎日の公文が習慣（パターン）化しており、それほど嫌になることはなかった。

公文を始めた目的は、高学年になって算数が難しくなる中で、できるだけ授業についていければいいな～ということだった。算数・数学の場合、一度わからなくなって授業についていけなくなると、その後のリカバリーがかなり大変である。1、2年生の頃には文字の読み書きに苦労していたヨウだが、その後、足し算・引き算・掛け算・割り算は、計算ドリルなんかを繰り返すことで、何とかできるようになっていた。しかし、高学年になって、分数や小数が出てきたあたりから、だいぶ理解が怪しくなってきた。そのため、本人の学年よりも低い、実力相当の教材から始められる公文で、ある程度リカバリーしたい——少なくとも足し算・引き算・掛け算・割り算は苦にならないようにしたい、というのが希望だった。

もっと時間がかかると思われていたが、ヨウは割とスムーズに学年相当に追いつき、その後、学校で習っていることよりも少し先の内容の教材に進んだ。その結果、学校の授業でやっていることがわかるようになり、算数に自信を持つようになってきた。

規則正しい生活とパターン化への固執

自閉症の場合、パターン化すると、勉強に関しても、きちんと繰り返すことができることが多い。ヨウも、学校から帰ったら宿題をするというパターンを、2年生くらいまでに作ることができた。そして、小学校の間は、この良い習慣は崩れずに続いた（中学校に入ると崩れてしまったが、それについては第7章で）。

朝起きる時間、学校から帰宅しての着替え・宿題・おやつ、夕食までの外遊び、夕食後のテレビ、お風呂といった一連の流れが、毎日、規則正しくこなされていく。長男セイと次男オトは、宿題やお風呂なんかは、親にうるさく言われないとやらない。それに比べて、ヨウは一度声をかけられればやるし、声をかけられなくても、自分でやり始めたり、自分から（そろそろ）やりたいと言ってくることもある。

規則正しい生活ができることや、自分から宿題をできることは、すごく良いことのように見える。しかし、自閉症の子の場合、気をつけないといけないことがある。自分の意志や努力の結果、規則正しい生活や習慣が身についているのではなく、パターン化した行動が固着している可能性があるからだ。もし、パターン化した行動だった場合、いつも通りに進まないときには、固まってしまったり、パニックになったりすることがある。そのため、自閉症の子の場合、パターン化を上手く使って、規則正しい生活や習慣を身につけると同時に、いつものパターンが崩れても、行動を柔軟に切り替える練習が必要である。例えば、ときどきいつもと違うスケジュールを入れるなど、パターンを意識的に崩したほうがいい。

担任とのコミュニケーション

低学年の間は、ほぼ毎日、特別支援級の先生が連絡ノートに翌日の持ち物や学校でのヨウの様子を書いて、カバンに入れてくれていた。それを見て、母が次の日の持ち物を用意する。ヨウが学校で泣いたりしたときには、その状況が連絡ノートに書いてあったりする。例えば、「図工の時間に、ヨウ君が黙って涙を流していたと、交流級の先生から連絡がありました。理由を尋ねたけれど、何も答えず、特別支援級に戻りたいということだったので、交流級の担任からの連絡で、（支援級の担任が）迎えに行き、支援級に戻りました。私も泣いた理由を尋ねましたが、答えてもらえませんでした」といったことが書いてある。

それを読んで、母はヨウに「今日学校で泣いちゃった？」「どうして泣いちゃった？」「図工でやってることが難しかった？」などと尋ねる。ヨウが「まだ終わっていないのに、周りの子が片づけ始めた……」などと答えた場合には、連絡帳に「周りの子が絵を描き終わって片づけ始めているのに、ヨウは授業時間内に絵を描き終わることができず、どうしていいのかわからなくなって、泣いてしまったようです」など、ヨウの答えに、母の推測をつけ足した形で書く。

その上で、ヨウの不得意なことや障害の特徴などを伝えたり、家庭での対応をアレンジして、やってもらいたい対応を書いたりする。例えば、「ヨウには『ものごとを最後までやらないといけない』というこだわりがあります。これは、途中で中断する判断を自分ですることが難しいという、自閉症の特徴の一つかと思います。『今は途中でやめて、続きはおうちでやればいいよ』といった声かけをしてもらえると、落ち着く場合が多いです」といった感じである。

しかし、高学年になって、交流級での授業が増えてきたせいか、連絡ノートでの情報伝達がめっきり減ってきた。ヨウの会話能力が伸びて、トラブルがあっても、本人とのやりとりで解決できるようになったためかもしれない。また、遅れはあるものの、ヨウ自身がゆっくりとは成長していることや、学校（生活）に慣れたことで、トラブルが生じる頻度が減ってきたこともあるかもしれない。高学年になると、交流級のほうでクラス担任以外の先生が担当する科目が増えるために、交流級での状況が特別支援級の先生に伝わりにくいといったこともある。

とは言え、実際には、情報伝達の減少の原因は、担任の能力の問題だったように思う。４年生以降の特別支援級の担任は、交流級の担任と、きちんとコミュニケーションが取れていないようだった。この先生は、以前に普通学級の担当をしている際も、情報伝達漏れや（親からの）連絡が伝わらないことがあると、親や生徒にウワサされていた。

ただし、この先生のコミュニケーション能力が低いというわけではない。ヨウの話や、国語や算数のノートから判断するに、生徒とのマンツーマンの授業は下手なわけではない。授業外でのヨウとのやりとりでも、ヨウが嫌がるということもなかった。どうやら、1対1のコミュニケーションでは問題ないが、組織における業務連絡的なことが苦手らしい。

母のほうから「交流級の子は運動会のダンスのために、明日までに○○をおうちから持ってくるように言われているようですが、ヨウも交流級の子と一緒にそのダンスに出ますか？○○を用意したほうがいいですか？」と電話で問い合わせて、「そうでした。ヨウ君も○○を用意してもらえますか？」といったようなことが度々あった。

第5章でも書いたように、事務能力の問題や業務上の連携不足で、普通学級の担任を持たせることができずに、特別支援級に回されているのではないかと疑わせるケースは度々見かける。そうしたケースでも、少人数の生徒での授業では問題ないこともある。幸い、特別支援級は生徒数が少ないため、保護者が直接電話をしたりしても、担任にとって、それほど大きな負担ではないようである。特別支援級の担任が、事務的な連絡や手続きが苦手そうなら、こまめに電話で確認するのもいいかもしれない。

4. 活動の広がり

マンガとライトノベル

中学年の半ばから、ヨウはオトの影響を受けて「少年ジャンプ」レベルのマンガを読むようになった。そして、オトが見始めたマンガ原作のアニメを、ヨウもいっしょに見る。オトが原作のマンガを読み始めると、ヨウもオトのあとに読む。こんな流れで、ヨウには内容が難しいのではないかと思われるマンガも読み始めた。例えば、人間の細胞を擬人化した『はたらく細胞』[1]である。アニメを先に見てから、原作のマンガの単行本を読み始めたので、ある程度の内容はわかっている。なので、ヨウにもマンガが楽しめた。

とは言え、その楽しみ方は、少しばかり独特ではあった。オトはマンガを読む場合、1回読むと、とりあえず読了という感じで満足する。そして、気に入ったマンガの場合、しばらく時間を置いてから読み直している。これはたぶん、普通のマンガの読み方だろう。一方、ヨウは気に入ったマンガを、連続して10回以上繰り返して読む。そして、特定のシーンでゲラゲラ笑っている。ストーリーやシーン、ときにはセリフなんかもほぼ覚えているのだが、それでも繰り返し読んで、特定のシーンにくると大笑いする……というのがヨウの楽しみ方である。ちなみに、そのマンガが原作のアニメも、録画したものを繰り返し見る。

アニメ化されるのはマンガに限らない。ライトノベルを原作とするアニメが（おおかたは深夜に）たくさん放送されている。オトはライトノベルにも手を出し始めた。ライトノベルに関しては、オトが読んだあと、ヨウも続いて手を出すものもあれば、マンガとは違って、特に興味を示さないものもあった。オトはダークな要素や恋愛要素の濃い作品が好きなのだが、ヨウはギャグを含めて笑いの要素が多い作品を好んで読む。

このように、小学校に入学した当初はひらがなを読むのも怪しく、低学年の間は漢字に苦しんだヨウが、５～６年生のころには、ライトノベルとはいえ、文庫本を読むようになった。

仮面ライダーからの卒業

ヨウは４年生の夏まで、毎日曜朝にテレビで放送される仮面ライダーをリアルタイムで欠かさず視聴し、録画も繰り返し見ていた。ただ、３年生の夏まで放送されていた「仮面ライダーエグゼイド」はかなりの頻度で録画を繰り返し見ていたが、３年生の夏から始まった「仮面ライダービルド」は、テレビ放送は欠かさず見るものの、録画を見る頻度が下がった。

そして、4年生の夏にビルドが終わり、次の仮面ライダーの放送が始まったとき、ヨウは仮面ライダーを見なくなった。そして、いくつかの変化があった。

例えば、誕生日のプレゼントである。小学3年生、つまり9歳の誕生日まで、ヨウは、毎年プレゼントとして仮面ライダーのベルトを買ってもらっていた。4年生の夏に仮面ライダーを見なくなったことで、10歳の誕生日には、ライダーベルトではなく、ゲーム（Nintendo DSのゲーム）を買ってもらった。

仮面ライダーを卒業したかに見えたヨウだが、妄想戦いごっこは続いた。暇になると、一人で見えない敵と戦っている。ときどき変身したり、必殺技が出たりしているので、妄想戦いごっこの中では、仮面ライダーは健在のようである。ただし、妄想の中での仮面ライダーは、大概、仮面ライダーウィザードのようだった。ヨウの中では、会話の仕方を教えてくれたウィザードはやはり特別らしい。とは言え、いつもウィザードというわけではなく、これまで誕生日プレゼントでもらった仮面ライダーベルトをつけて、妄想戦いごっこをしているときには、そのベルトの仮面ライダーになっている。

ヨウの妄想戦いごっこは、年齢が上がるとともに、空中にパンチやキックを繰り出したり、相手の攻撃を受けた風に吹っ飛んだりといった、他の人から見ても、「見えない何かと戦っているんだな〜」とわかるような動きを伴ったふり遊びは減っていった。最終的に、中学生になってしばらくすると、はっきりした妄想戦いごっこはなくなった。しかし、一人で部屋の中をぐるぐる歩き回ったり、登下校時に一人で歩きながら、「う〜う〜　ハッ！　トゥ！」みたいなことをつぶやいていることがある。そんなときには、ヨウの頭の中では、妄想戦いごっこが繰り広げられているのかもしれない。

RPG

仮面ライダー卒業のきっかけとして、マンガや小説（ライトノベル）が読めるようになったこと、ゲームができるようになったことがあるかもしれない。遊びの選択肢が広がったことで、仮面ライダーへの執着が薄れてきた。ヨウが仮面ライダーを卒業する最後の後押しになったのが、４年生の終わり頃に「アンダーテール（UNDERTALE）」というロールプレイングゲーム（ＲＰＧ）に、はまったことだった。

ヨウはそれまでも、長男セイが昔買った「ドラゴンクエスト」をＮｉｎｔｅｎｄｏ ＤＳ（以下ＤＳ）でやってみたりはしていたが、少しやると、飽きて放り出していた。ヨウは文字を読むのに時間がかかるので、面倒くさかったり、ストーリーを追うのが難しかった。攻略本を買ってもらったりもしたが、情報量が多すぎて、ヨウには使いこなせなかった。

小学校中学年の頃、ヨウはオトと共用のDSを使って、「星のカービィ」なんかのアクション系のゲームをしていた。しかし、反射神経の鈍いオトは、アクション系のゲームがあまり得意ではない。代わりにDSで動画を見始めた。その後、オトはヨウと共用のNintendo Switchを買ってもらい、YouTubeを見始めた。ヨウもいっしょに動画を見るようになり、そのうちにゲーム実況にはまった。

オトとヨウが見る動画の中にアンダーテールの実況があり、二人はこのゲームをやりたいと言い出した。母にパソコンにダウンロードしてもらい、二人でやりはじめた。[2]

このゲームはRPGだが、敵との戦闘になるとアクションゲーム的な感じになることも、ヨウには良かったらしい。選択を積み重ねて進んでいくタイプのゲームだったら、ヨウは飽きていただろう。一方で、アクションゲーム的な要素が強いと、運動神経が鈍いオトがついていけなくなったかもしれない。しかし、アンダーテールはパソコンのキーで操作するようにできており、細かい操作や優れた腕前といったものは必要としない。運動神経的に、アクション系のゲームが苦手なオトにもちょうど良かったらしく、二人で交代しながら、ストーリーを進めていた。数ヶ月たつと、アンダーテールにも飽きてきたが、この経験を通じて、ヨウはストーリーを追っていくタイプのゲームを楽しめるようになった。

お笑いと教養

前述したように、小学校高学年になって、ヨウはお笑いにハマった。お笑いを見始めたころのヨウは、一発芸やギャグに大爆笑するだけだった。ストーリー性のあるコントや、常識的な文脈からズレたボケに対するツッコミで構成された漫才なんかは、十分に理解できず、あまり面白がれなかった。叫んだり、変な仕草をしたりといったギャグは、小さい子でも面白がれる。しかし、ストーリー性のあるお笑いは、多くの場合、「普通はこうする」という常識が覆されることで成立している。そのため、常識的な知識がないと、何が面白いのかがわからない。そういう意味では、お笑いの理解には、意外と教養（?）がいる。ウィキペディアによると、教養というのは「個人の人格や学習に結びついた知識や行いのこと」らしい。コントや漫才は、お客さん（視聴者）が持っている知識や「こんなときには、こうした行いをする」という常識を前提に（前提とズレたストーリーで）組み立てられている。まさに、広い意味の教養である。

ヨウは小学校の終わり頃から、次第にコントや漫才を楽しめるようになってきた。これは、だんだんヨウに社会的常識がついてきたことを示している。例えば、コンビニのコントの場合、客のほうは店員が常識的な対応をすることを想定している。そして、コントでは店員の常識外れな振る舞いで笑いを取る。コントの中で、（常識的には）店員はどのようにふるまうべきなのか、そして、（コンビニの）客が何を想定しているかといったことが、ヨウにも理解できるようになってきた。

小学校高学年になって、さまざまな社会的常識が身についてくる中で、ヨウの学校での立ち居振る舞いも、かなりスムーズになってきた。先生とのパターン化したやりとりは、ほぼ問題なくできるようになった。落ち着いてゆっくりと答えられるような状況ならば、パターン化していない会話でも、少なくとも、特別支援級の先生との間では成り立つようになってきた。

とは言え、学校で次にすることがわからないときなどに、ヨウは「助けてください」とか「手伝ってください」と、他の人に支援を求められない。また、一部の特別支援級の同級生を除くと、子ども同士でのやりとりや会話は、難しいままである。

1　『はたらく細胞』は講談社から出版されている清水茜原作のマンガ。人間の体で働く細胞を擬人化し、体の仕組みや細胞の役割を「お仕事」としてコメディタッチで描きつつ、わかりやすく解説している。

2　現在はさまざまなプラットフォームから発売されているが、当時、このゲームはパソコン版しかなかった。

第7章

とうとう中学生：

定期試験と進学

１．中学校入学

　三男ヨウが６年生になった春に、新型コロナウイルスの感染拡大が始まった。そして、当時の安倍首相の臨時休校要請で、ヨウの６年生の１学期は自宅待機で始まった。学校からは学習用のプリントが配られたり（先生が各生徒の自宅まで届けてくれた）、市の教育委員会のホームページに学習サイトが作られたという連絡があったりしたものの、オンライン授業といったものはなかった。学校のホームページで、ほぼ毎日、学年ごとに先生たちがメッセージを公開する以外、ほぼ放置だった。

　そんなわけで、休校期間中、ヨウは大してすることもなく、１日中家にいた。ヨウは学校で友達と遊びたいといったことはない（そもそも友達がいない……）。家で次男オトと遊ぶか、一人で遊ぶほうが好きなので、学校が休みになってもまったく困らない。普段も、一人で外に出かけることは全くない人なので、家に閉じこもっていてもストレスはない。それどころか、ずっと家にいられてうれしかったようだ。学校が再開されてからも、ヨウの小学校最後の年は、ほとんど行事もなかった。ヨウにとっては平穏な１年であった。

下校中の迷子

小学校卒業後の春休みに、ヨウは進学する地域の中学校の登下校の練習をした。小学校は体の小さなヨウの足で、徒歩10分ほどだが、中学校は30分弱かかる。道順はそれほど難しくはないが、ヨウはあまり場所や道（順）を覚えない。家の近所でも、迷子になる可能性もあったので、入学前に、2回ほど両親と一緒に中学校までの道を往復した。そして、入学後しばらくは、同じ中学校に通う、1学年上の次男オトに、一緒に登校してもらうことにした。登校時は、それで何とかなるとして、ヨウが一人で帰ることになる下校時が不安だったが、特に問題なく帰ってくることができた。

その後も、登下校に問題は起こらなかった。最初は一緒に登校してくれていたオトとも、次第に別々に行くようになった。というより、オトは近所の同学年の友人たちと、ダラダラしゃべりながら登校するので、ヨウが一人で、スタスタ先に行ってしまうようになった。

登下校に慣れてきたと思われたヨウに、ある日、事件が起こった。その日は校外学習があり、1年生はバスで工場見学に出かけた。行きは学校からバスに乗るが、帰りは自宅近くの公園か、学校のどちらかで下車して、解散となっていた。公園のほうが自宅からは近いが、そこから自宅まで、ヨウが一人で迷わずに帰って来られるかわからない。そのため、ヨウは学校で下車してから、いつも通りの通学路を歩いて帰宅することにしていた。

ところが当日、帰宅予定時間を過ぎても、ヨウはなかなか帰ってこない。最初は、バスが渋滞などで遅れているのかもしれないと思っていた母も、あまりに帰宅が遅いので、学校に問い合わせた。すると、予定通りにバスは帰ってきて、ずいぶん前に解散したという。すぐに学校の先生と母が捜索に出た。その後、帰宅予定時間から2時間以上たって、ヨウはようやく帰ってきた。本人によると、事の顛末《てんまつ》は次の通りである。

普段、ヨウは学校の南側の正門から下校する。しかし、その日は、学校の東側の道路でバスから降りて、解散することになった。バスから降りた他の生徒たちが歩き始めたので、ヨウも同じ方向に歩いて行った。しばらくすると、他の子たちはバラバラの方向に散らばってしまい、ヨウは知らない場所で一人になった。学校に戻ろうと歩き続けたが戻れず、困って立ち止まっていると、通りかかった知らない女性が「どうしたの？」と声をかけてくれた。「迷子になっています」と答えると、どこに行きたいのかを尋ねられた。ヨウが「○○中学校」と答えると、女性が学校まで連れて行ってくれた。そこからは、自分で帰ってきたということだった。

登下校がスムーズにできていたので、油断していた。学校まで帰ってくれば大丈夫だと思っていたが、バスの到着場所までは把握していなかった。バスの到着場所・解散場所が、いつも下校する校門と違っただけだが、ほんの少し、いつもと状況が違うだけでも、ヨウには対処が難しい。

　このときはたまたま、声をかけてくれた人がいたので無事に済んだが、子どもに声をかける大人も、今どきはなかなかいない。というのは、善意から子どもに声をかけても、不審者による「声かけ事案」とされてしまうかもしれないからである。実際に、かなり頻繁に、そうした事案が校区内で発生したという一斉連絡メールが、学校から届く。もちろん、子どもの安全のために必要な対処であるが、困っている様子の子がいても、特に、男性が女子生徒・児童に声をかけることには、躊躇せざるをえないのが現実である。

困っている人に声をかけるか？

　西洋人が個人主義なのに対して、日本人は集団主義だと言われてきた。だからといって、日本の社会が助け合いの精神で満ちているわけではない。それどころか、日本人は西洋人に比べて、見知らぬ他者に手を差し伸べない。社会心理学者の山岸俊男は、アメリカ人は初対面の人でも、とりあえず信頼することから始めると述べている。[1] そして、約束（契約）を破れば信頼を失う。それに対して、日本人は同じクラス、同じクラブ、ご近所といった、自分と同じ集団に所属している人（仲間）は裏切らないという信念を持っている。これを山岸は「ヤクザ型信頼」と呼んでいる。つまり、日本人は自分と同じ集団に所属しているかどうかで、相手を信頼するのであって、アメリカ人のように、相手を個人として信頼できるかを判断しているわけではない。言い換えれば、身内は何があっても信じるが、身内でない者には、とことん冷たい（無関心）、もしくは悪意を持っているとみなす。

現在の日本、特に都市部では、従来のコミュニティが崩壊してきている。日本人の他者への信頼が、山岸が言うところの「ヤクザ型」である以上、自分と同じ集団に属しているという意識がなければ、道で出会った人は、悪意を持つ（可能性のある）他者に過ぎない。これでは見知らぬ人に声をかけることはできないし、かけられると身構えてしまう。

ヨウは体も小さく、顔立ちはかわいらしいので、他者に警戒心を抱かせにくい。そのため、困った様子で立ちすくんでいたときに声をかけてもらえた。しかし、体格が良かったり、困ったときや緊張したときにブツブツ声を出したり、奇声を発してしまうタイプの自閉症児だったら、声をかけてもらえなかったかもしれない。学校や警察に連絡を入れてくれれば、まだいいが、「自分とは関係がない」として、完全に放っておかれる可能性も高い。

ある人が自分と同じ集団に属するかどうかの判断は、ほんの些細《ささい》なことで分かれる。ちょっとした共通点があれば、自分と同じ集団のメンバーとみなされる。一方、ちょっとした違いがあれば、自分と異なる集団のメンバーと判断される。そして、障害があることは、異なる集団のメンバーと判断されるのに十分な違いになる。

障害がある人に関して、「障害者は自分と同じ集団のメンバーではない」と認識してしまうと、自分とは異なる集団に属する障害者への手助けは生じない。それは、悪意からではなく、差別からでもない。単に、「自分と同じ集団のメンバーではないから」手を差し伸べないのである。これは学校などでも起こる。「あの子は特別支援級に所属しているので、○組の自分とは異なる集団のメンバーだ」といった判断で対応されてしまう。障害者差別などではなく、日本人全体の価値観というか、行動理念に根差した対応であるために、解決が難しい問題である。

幽霊部員になる

中学進学にあたって、学校生活や勉強以外の問題にクラブ活動がある。入学前に母が集めた情報では、特別支援級の子は、運動系では陸上部に、運動系以外では美術部に入る子が多いらしい。どちらも個人での練習や活動が多い。そのため、部活を休んだり、上手にできなくても、他の子から非難されたりすることが少ないためらしい。

ヨウは小学6年生の後半に、その頃放送されていた高校バレーのアニメ（原作はマンガ）を見て、「バレー部に入りたい」と言いはじめた。絶対無理である。当時のヨウの身長は130㎝に届かないくらいで、下手をするとネットの下を通り抜けてしまう。力も弱いので、サーブやレシーブをするにも、ビニールのビーチボールでないと無理である。

ヨウの中学校では、体験入部期間が春先に設定されている。期間中に体験入部をしなかったクラブには、入ることができない。体験入部と言っても、希望のクラブに1日だけ、ほとんど見学するだけである。そして、体験入部ができるクラブは、3つに限られている。ヨウは、まずバレー部に体験入部した。そして、心が折れた。ボールの速さにビビったらしい。

次の体験入部に、ヨウは卓球部を選んだ。長男セイは卓球部だった。それなりに活躍したらしい。そして、次男オトも卓球部である。小さい頃は運動協調障害を疑われ、小学校以降も、運動会を心から憎んでいるオトだったが、なぜか卓球部に入った。オトによると「運動系のクラブに入らないと、運動が苦手で嫌いな自分は、まったく体を動かさず、運動不足になったり、肥満になったりするかもしれないから」ということだった。ちょうど、オトが中学校に入学した年は、コロナ感染が広がった年だった。そのため、オトが1年生の間は大して活動はなく、試合なんかは一度もなかった。クラブが学校生活の中心の子にとっては辛かったかもしれないが、オトにとっては、ちょうどいいくらいの活動（運動）量だった。

バレー部で心が折れたヨウは、オトから卓球部の話を聞いて、バレー部よりは、まったりした雰囲気だと思ったようだ。しかし、ヨウが体験入部をした日は、体験者数が多く、本当に見学するだけになった。ヨウはそれまで、卓球をしたことがなかった。そのため、練習を見学するだけだと、卓球がどんなスポーツなのか、あまりイメージできなかったらしい。何をするのかわからなさ過ぎて、入部する気になれなかった。

3番目の体験先は美術部だった。ヨウは小学校の半ばから、内容はかなり微妙なものの、マンガを自作するようになっていた。一時は、「大人になったら、漫画家になりたい」と言っていたこともある。そのため、美術部はヨウの興味を引くのではないかと思ったが、本格的な絵画には、それほど引かれなかったらしい。

結局、ヨウは美術部に入部した。この中学校では体験入部したクラブにしか入れないので、消去法である。とは言え、1ヶ月もしないうちに、美術部にも行かなくなった。もともと、ヨウは絵を描くことに、それほど思い入れはなかった。中学校に入ってからは、自分の絵の才能のなさを自覚したのか、マンガ家志望から作家志望に転向した。ただ、ヨウが小説を書いたことは一度もない……。

絵画への興味の欠如以外に、ヨウは授業が終わると、体力的にも、気力的にも疲れ切ってしまい、放課後に部活へ行く力が残っていなかった。こうして、ヨウは美術部の幽霊部員になった。美術部にはそうした子も多いので、放っておいてもらえる。そのため、特に部活をやりたいわけではない子が、とりあえず籍だけ置いておくことも多いらしい。結局、２年生になるときに、今さら、美術部に行くことはないということで退部した。

2. 定期試験の壁

個別指導塾

小学5年生から、ヨウは公文式学習で算数をやっていたが、中学生になるにあたり、塾に通うかどうかを考えることになった。それまでも、次男オトが進学塾に通っていたので、ヨウ自身が自分は塾に行かなくていいのか、と尋ねることがあった。しかし、オトの通っている塾はバリバリの進学塾である。入塾テストがあるので、ヨウは入ることさえできない。ヨウに必要なのは、学校の勉強についていくことを目的とした補習塾である。学校の授業のような集団方式だと、ヨウは何をやっているのかわからなくなる心配があるので、できればマンツーマンか、それに近い対面方式が良い。さらには、発達障害の子どもに対応できる、もしくは経験があるほうが良い。

探してみると、意外と条件に合う塾がない。まず、大手のチェーン経営の塾の場合、多くが進学実績を売りにしていて、ヨウのように、学校の勉強についていけないレベルの子どもは、対象と考えていない。地域の個人経営の塾には、補習塾的なものもある。ただ、こちらは昔ながらの一斉授業方式が多く、マンツーマン指導の塾が少ない。

発達障害への学習支援を謳《うた》う塾やＮＰＯの情報も集めた。こちらはかなり混んでいて、順番待ちになっていたり、ヨウよりも知的な遅れが大きな子どもが中心で、学習指導よりも自立支援やソーシャルスキルの訓練が中心のところが多い。そして、値段がめちゃくちゃ高い。発達障害への自立支援やソーシャルスキル訓練のような、専門性が必要な療育の対価としては妥当である。しかし、ヨウの場合、一般的な学習支援がメインなので、その内容からすると、普通の塾に比べて高すぎる。

結局、「クラスの最下位くらいの成績だった子が、中３のときに通った塾がなかなか良かったらしい」というママ友情報をもとに、その個別指導塾に週1回通うことにした。その塾はチェーン経営だが、マンツーマン指導で、通っている生徒の大半の志望校が、偏差値40〜45前後（中学校のクラスの40人中30〜35位くらい）といった塾である。周りの塾との（優秀な）生徒獲得競争に敗れたからなのか、経営戦略としてそうなったのかは、わからない。しかし、外観の若干うらぶれた感じからして、競争に敗れた結果のように見えなくもない。

いずれにせよ、塾に週1回90分程度通ったところで、いきなり勉強ができるようになるわけではない。しかし、その地域（県内）でチェーン展開しているような塾は、県内の高校入試の情報を持っている。また、塾独自の模試を行っていることが多い。模試の情報（順位や偏差値）と県内の高校入試情報から、どの高校なら受かりそうかの検討ができる。なお、個人経営の塾は補習塾としての評判が良くても、入試情報の面で弱いことがある。ヨウの塾として、地域の個人経営の塾を選ばなかった理由の一つである。

学校の進路指導は、情報量や情報精度の面で、あまり評価できない。学校内での成績（つまり、内申点）を過大評価している上に、個々の教師の勘頼りの印象が強い。スポーツ推薦を含めた学校推薦のようなケースを除き、一般的な学力（学科試験）ベースの入試に関しては、塾や予備校の情報（量）と進路指導（戦略）なしには、適切な選択や効果的な戦略をとることは難しい。

週に1回くらいでは、塾の授業そのものに意味があるわけではない。授業外に自分一人で勉強することが重要である。塾の目的として、情報収集や戦略構築以外に、決まった時間に、決まった場所に行って勉強する、ペースメーカーとしての役割がある。その上で、予習・復習や宿題といった、授業外に一人で勉強するシステムがきちんとしていると良い。ヨウの通う塾は、授業外の勉強のシステムはいまいちだが、発達障害の子の場合、単に宿題を出すだけで、一人で勉強するといったことは難しいので仕方がない。あくまで、情報収集と戦略構築に加えて、ペースメーカー的な役割で良しとしている。

ペースメーカーとしては通常の授業だけで十分で、夏期講習や冬期講習は必要ない。休暇中の講習を受けても、予習・復習を一人でできないなら（勉強のできない子の大半は予習・復習なんかできない）、費用がかかるだけである。塾や予備校は休暇中の講習で稼いでいるので、しつこく受講を勧めてくることが多いが、きっぱり断ったほうがいい。そうすると、ある程度費用は抑えられる。

一方で、情報収集と戦略構築のために、模試は受けたほうが良い。発達障害の子の場合、いつもと違った状況では、いつも通りにふるまえない子も多い。入試本番の対策としても、学校外での模試を受ける経験は不可欠だろう。ただし、大手進学塾の公開模試とかは、ヨウのような学力の子にとっては難しすぎる。手も足も出ずに、自信をなくす可能性もある。どんな模試を、どの時期（学年）に受けていくかといったことも、戦略上、ある程度早い段階から考えていかないといけない。

荷物と置き勉

中学校入学時点のヨウの身長は、約１３０㎝だった。12歳男子の平均身長は１５０㎝程度なので、ヨウは頭一つ分小さい。小学校の時も、学校の荷物が重くて大変そうだったが、学校が近いので、何とかなっていた。しかし、中学校はヨウの足で30分くらいかかるし、荷物も多くなる。登下校に使うリュックサックは、ヨウが背負うと、本格的な登山用のように見える。そもそも、リュックサックにその日使う教科書・資料集・ノートをすべて入れて背負おうとすると、重すぎて、ヨウはなかなか立ち上がれないほどだった。

しかし、入学してみると問題はなかった。特別支援級の子は、教科書やノートは基本的に支援級の教室に置いて帰っていいことになっていた。特別支援級では、時間割に合わせて必要な教科書やノートを用意できない子も多い。教科書やノートを忘れてくるか、不必要な科目のものまで持ってきてしまう。そのため、教科ごとに、教科書やノートなどをジッパー付きの半透明の大型ポーチに入れて、全部、特別支援級のロッカーに置きっぱなしにしている。交流級での授業のときは、その科目の教科書やノート一式が入った大型ポーチを持っていく。普通学級だと生徒数も多いし、掃除なども生徒がするので、紛失や取り違えの危険などもあるが、支援級では生徒数も少ないので、そうしたこともない。

そんなわけでヨウは、荷物が重すぎて、登下校だけで疲弊してしまうという事態は避けられた。一方で、教科書やノートを持ち帰らないので、家庭では、学校の授業で何をやっているのかがまったくわからない。当然、家で予習や復習ができない。塾についてのところでも書いたが、授業外に自分で勉強することに意味がある。学校は塾よりは授業に重心があるとは思うが、授業に出ていれば何とかなるわけではない。そもそも、ヨウの場合、授業についていくことができていない。家でのフォローは必須であった。

重荷のワークブック

教科書やノートをほとんど持って帰ってこないなら、宿題はどうするんだろうと思われるかもしれない。ヨウの中学校では基本的に、毎日の宿題は出ない。が、宿題がないわけではない。各教科でワークブック（問題集）が配られており、それを生徒各自が授業進度に合わせて解き、自分で答え合わせをして、定期テスト前後に提出する。提出締め切りや提出部分などは、同一学年の全クラスで共通である。

　ポジティブに解釈すると、子どもに、自分で状況（授業の進度）を考えて、計画的に学習することを学ばせようとしている、と見える。ネガティブに解釈すると、毎回の授業ごとに宿題を指示したり、提出物をチェックしたりが面倒なので、普段は放置、そして学期ごとに2回程度のチェックで済ますことで、教師の業務量を削減、と見える。

　ワークブック一括提出方式は、成績上位の子にとっては、悪くない方法である。そうした子どもたちは、自分でワークブック学習の管理ができる。また、彼らの多くは進学塾に通っているので、普段は忙しくて、学校の宿題をする時間がない。そのため、自分でスケジュールを管理できるほうが、都合がいい。次男オトが、まさにそんな感じである。オトはワークブックも含め、学校の予習・復習のほとんどを学校で済ませてしまう。残りはワークブックの提出期限直前に、半日ほどかけて調整する。なお、定期試験の対策は塾でやってくれる。

　一方、ヨウのように学校の勉強についていくのが難しい子の場合、ワークブック一括提出方式は、学力をつけるためには悪手である。そうした子どもたちは、そもそも自分でスケジュールを組んで、ワークブック学習をしていくことができない。特別支援級の子の場合、教科書やワークブックを学校に置き勉しているので、家で少しずつワークブックを埋めていくこともできない。もちろん、学校にいる間に片づけることもできない。定期テストの2週間くらい前に、ようやくワークブックや教科書を持ち帰ったときには、ほとんど埋まっていないワークブックが積み上がる。慌ててやり始めるが、当然間に合わない。開き直って提出しなかったり、答えを丸写ししたりする子が出てくる。そして、ワークブックを埋めるのに精一杯なので、定期試験の勉強にまで手が回らない。

ワークブックの内容は授業で習った定期試験の範囲なので、ワークブックを埋めることが定期試験対策にはなる。しかし、理解不足のところを確認したり、重要な項目を暗記したり、といった直接的な試験対策をする時間はない。結果として、理解不足・暗記不足の部分が残ったままになり、定期試験では、覚えていれば正解できる問題を落とすことになる。

テストができない

ヨウは、小学校で知的障害のクラスから情緒障害のクラスに移った後も、国語と算数は特別支援級で、（支援級の）先生にマンツーマンに近い形で教わっていた。漢字のような苦手なことについては、何回も繰り返しやってもらっていた。ヨウの場合、繰り返さないとなかなかできるようにならないので、算数でも、基礎の繰り返しに時間をかけてもらっていた。

しかし、中学校の先生は教科担任制で、教え（られ）る教科が決まっている。そのため、例えば、特別支援級の先生が数学の（教員免許を持つ）先生ならば、数学は特別支援級でマンツーマンに近い形で教えてもらえるかもしれない。しかし、その他の教科は交流級で受けることになる。また、定期テストのために、各教科の先生は定期テストの範囲をスケジュール通りに教えていく。そのため、わからないところを積み残したまま授業は進んでいく。

理科や社会は、単元ごとに内容がかなり独立しているので、ある単元がまったくわからなくても、次の単元では、気持ちを切り替えていくことができる。しかし、数学や英語はそうはいかない。1年生の2学期の時点で、ヨウは英語がほとんどわからなくなっていた。ｂｅ動詞の区別がつかないといったレベルで、ごちゃごちゃの状態であった。普段は、塾や公文の勉強以外はやらず、定期試験前には、ワークブックであたふたというありさまなので、学校で習ったことが定着するわけがない。英語の得点は10点台となり、公文のおかげで計算だけはできる数学も、30点台という状況に陥った。

勉強方法の再検討

１年生の２学期の中間試験で、ヨウの主要５教科の合計点は、５００点満点中１３２点であった。平均点は３２０点くらいである。こうなると、本人に任せるのはもちろん、学校に任せておくこともできない。とりあえず、試験の３週間くらい前には、ワークブックを持って帰ってくることにした。しかし、ヨウはワークブックに時間がかかりすぎる。そこで、教科書ガイドを買ってきて、それを見ながらワークブックをやることにした。教科書ガイドとは、出版社ごとの教科書に完全対応する形で、教科書の内容にわかりやすい説明が加えられていたり、教科書の中の全ての問題の解答を書いてあったりするものである。さらに、ワークブックのわからないところは、どんどんとばす（そして、答え合わせの時に埋める）ことにした。

また、一番簡単で、基本的な問題集を英、数、理、社と買ってきて、少しずつやっていくことにした。問題集は見開きで一つのテーマになっていて、左のページが解説や重要事項、右側のページが問題となっている。数学、理科、社会については、次の定期試験の範囲になるところについて、その問題集を繰り返すことにした。やり方としては、１回目は左側の解説ページを見ながら、右側のページの問題を解く。２回目は右側ページの問題だけを解く。

2回目で間違った問題があれば、さらに3回目として右側のページを繰り返すという方法を取った。

なお、壊滅的にわからない状態の英語については、授業の進み具合や定期試験の範囲を無視して、問題集の最初から、他教科と同じ方法でやっていくことにした。また、切り離すとカードになる単語集を買ってきた。カードの片面には英単語が書いてあり、その裏面には日本語で意味が書いてある。いわゆる単語カードである。ただし、中学生用ではなく「小学生のための英単語」である。

やり方としては、１００枚くらいのカードをカードリングでまとめ、まずは英語を見て、覚えていれば（意味がわかれば）日本語を口に出して言って、正解ならばカードリングの束から外す（カードリングの束には新しいカードを順次補充する）。覚えていなければ、カードを裏返して日本語を言う（カードリングからは外さない）、という方法で覚えていった。これを単語集の１５００語くらいについて、２回繰り返した。その後、日本語（の面）を見て、英語（の単語）を言う方法に切り替えた。中１の12月初めから毎日やったが、英語（の単語）を見て日本語の意味を言う、日本語を見て英語を言う、をそれぞれ２回やり終わったのは、中２の夏休みに入ってからだった。

2学期の中間試験後、ヨウは基本のやさしい問題集や単語カードの勉強を、平日の1日と週末を使い、週に3日程度やり始めた。そして、2学期の期末試験の3週間くらい前からワークブックに取りかかった。ワークブックをやり始めると、それ以外には、何もできなくなる。結局、ほとんどワークブックを終えるだけで、2学期の期末試験に突入した。基本問題集は、英語が試験の範囲まで追いつかず、数学、理科、社会も試験範囲の半分程度をこなしただけという状態だった。

それでも2学期の期末試験の成績は、5教科合計で１８０点台まで回復した。英語以外の教科は、点数はともかく、選択問題や簡単な記述式の問題には答えようとしており、ほぼ白紙という状態は脱した。しかし、英語だけは10点台で、ほとんど解答できていない。

1年の冬休みには、英語を中心に基本問題集をかなり進めた。そして、2学期の期末テストで、試験前にワークブックにかかりきりになった反省から、3学期の学年末試験の4週間前には、ワークブックに取り掛かり始めた。しかし、3学期は試験の範囲が広く、ワークブックの量が多かった。そのため、結局、試験の2週間くらい前からはワークブックにかかりきりの状態になった。そして、基本問題集は少しばかり試験範囲を残した状態で、試験が近づいてきた。たまたまこのときは、新型コロナ感染第6波の影響で、試験の直前に学級閉鎖が相次ぎ、学年末試験が約1週間延期された。その間に、ヨウは基本問題集の試験範囲の大部分を終えられた。そのおかげか、学年末試験では、5教科合計で230点台をとることができた。これまでの定期試験の最高得点である。ただし、英語はまだ10点台だった。

ヨウの場合、基礎問題を繰り返しやっても、ようやく基本的な知識や、やり方が身につくだけで、応用問題になると手も足も出ない。また、問題を解くスピードがかなり遅いので、試験では時間切れになることも多い。課題は多いが、基本的な問題を繰り返すことで、学校の授業がまったくわからない状態からは、ギリギリ抜け出せる可能性が出てきた。

本当なら、ヨウにとって難しすぎて、時間ばかりかかるワークブックは放棄したい。しかし、ワークブックを提出しないと、内申点がめちゃくちゃ下がってしまう。ワークブックは、(自分で丸つけをするために)解答も配られているので、正直、そのまま写したほうが良いくらいである。しかし、ヨウは自閉症の特徴として、ルールを破ることを嫌う。なので、そうしたズルができない。教科書ガイドを参照するのが、ヨウにとっての妥協点である。教科書ガイドについては、「調べながら解くのも勉強だから」と父が説得した。

ワークブックを自分でやって、自分で丸つけをするという方式では、実際には多くの子、特に勉強ができない子は、解答を丸写ししているのではないだろうか。ワークブックを子どもに丸投げするというのは、学力をつけさせることが目的なのではなく、うまくズルをして、楽に生きていく方法を身につけさせようとしているのではないかとすら思える。

3．自閉症の症状!?

自立の程度

中学2年生になったヨウは、以前に比べてできることが増えてきた。一方、まだまだ同じ年齢の子たちに比べて、できないこともある。そして、新たな問題も出てきた。

ずっと心配されているのが低身長である。中学1年生が終わる3月には１３２㎝だった。平均は１６０㎝強で、同級生の中では、男女合わせても一番小さい。低身長に関しては、小学生のときから、半年に1回程度、大学病院に通っている。成長ホルモンを注射するホルモン療法も検討されたのだが、現状は経過観察の状態である。中1終了時（13歳半）の時点で、第二次性徴が始まっていなかったので、第二次性徴が始まって成長期に入った後に、どの程度伸びるかを見て、判断することになった。中2の終わり頃（14歳半）に、ようやく成長期の兆しが見られた。とは言え、中3の4月で、ようやく１４０㎝くらいである。

筋力も弱い。これは小学生のときは、それほど問題ではなかったが、中学生になると困ることが出てきた。ヤカンのお茶を汲もうとして、ヤカンが持ち上がらない、ペットボトルの蓋を開けられない、お菓子の袋を開けられないなどである。小学生のうちは、子どもサイズのものが用意されていたり、大人にやってもらったりしていた。中学生になると、大人サイズのものを使ったり、自分でやらないといけないことが増える。ある程度以上の体格や筋力がないと、規格品が使いにくく、一人でできないことが増えてしまう。

家では持ち上げられない物があったり、蓋が開けられなかったりして、ヨウが「う〜」と唸《うな》っていると、代わりに家族がやってくれる。困るのは学校である。中学校では小学校に比べても、クラスメートとの人間関係が薄いこともあり、周りの子が助けてくれることは少ない。それに、ヨウは学校では周囲に「手伝って」と言うことができない。中学生になってから、小学校の頃に比べても、授業時を含めて、固まってしまうことが増えた。

家にいるときのヨウの相手は、基本的に次男オトである。ヨウが困っていると、大概のことはオトが助けてくれる。小さいころから、ヨウはオトの後をついて回っている。遊び（趣味）についても、オトの影響は絶大であったが、中学生になって、変わってきた点もある。

まず、オトが部活や塾で忙しくなって、家にいる時間が減った。また、オトが思春期に入って、一人になりたいときが出てきた。オトとヨウは二人で同じ部屋を使っている。部屋には机はなく、勉強は基本的にリビングでしている。そのため、子ども部屋の用途は寝るだけで、ベッドとおもちゃを置くための棚しか置かれていない。小学生の頃は、リビングで遊んでいたオトだったが、中学生になってからは、子ども部屋にこもって、ゲームや読書をするようになった。ヨウもオトにくっついて、子ども部屋で同じようなことをしている。ただ、たまに、オトに「一人になりたい」と言われて、子ども部屋から追い出される。そんなときは、ヨウはリビングでぐるぐる歩き回っている。

　小学生の頃には、ヨウはオトとオトの友達の遊びに入れてもらってはいたが、仲間としてではなく、あくまで「弟枠」としてであった。中学生になり、ヨウはオトが友達とつるんでいるときには、仲間に入れてもらえなくなった。今のところ、家の中で、オトがヨウを邪魔にする様子はない。けれども、少しずつ一緒に過ごす時間は減っていくだろう。ヨウがオトに頼ることが減り、一人でやっていけるようになることが理想ではある。そのためにも、もう少し身長が伸びて、力が強くなり、規格品を使うのに困らないようになってほしい。

習い事への送り迎え

ヨウは、中学校の登下校は入学前に何回か練習しただけで、一人でできるようになった。ただ、塾、公文の教室、ピアノといった習い事は、すべて送り迎えをしてもらっている。過保護かもしれないが、校外学習後に迷子になったことが、ちょっと尾を引いている（1．中学校入学）。また、習い事に行く際に、父が後ろからついてヨウを先に歩かせると、ヨウは曲がるべき角で曲がらず、中学校の方向にまっすぐ進んでしまうことがある。放っておいても、途中で気づいて引き返してくるだろうが、不安ではある。

ヨウは小さいころから、家の中で遊ぶのが好きで、外で遊びたいとか、友達と遊びたいということはなかった。中学生になるまで、一人でお使いに行ったこともないし、家の近く（2軒隣）の公園以外に、一人で遊びに出かけたこともなかった。小学校高学年のころには、オトとその友達が少し離れた大きな公園に遊びに行くのについていった（連れて行ってもらった）くらいである。そんなヨウだったが、中2の終わり頃に、初めて家から15分ほど離れた小さなショッピングモールに、一人でゲームソフトを買いに行くことができた！

一人での外出は、これからのヨウの課題である。当面の目標は、何十回、何百回と通い慣れている、徒歩圏の習い事に、一人で行き帰りできるようになることである。中3の春から、家から一番近い公文の教室（徒歩7、8分）には、一人で行き帰りできるようになった。一人で行き始めた最初の数回は、こっそり父やオトがあとをつけた。曲がり角でしばらく立ち止まっていたりと、不安な部分はあったが、その後も一人で通えている。

高校には電車通学になるだろうから、電車に乗って出かける練習が必要になってくる。おそらく、通学自体は練習すればできるようになるだろう。問題は電車が遅延したり、止まったりしたときである。そうした不測の事態への対応は、自閉症児が不得意なところなので、対策を考えないといけない。

先生の話がわからない

勉強以外に、学校での問題として、中学1年の終わりころにはっきりしてきたのが、先生の指示や連絡事項がわからないということである。もちろん勉強のほうもどんどんついていけなくなってきている。しかし、それ以上に「いつ・誰に・何を提出するか」「いつ・どこで・何をするか」といった指示が把握できなくなってきた。「次の時間は音楽なので、リコーダーを持って音楽室に行きなさい」といった、目の前で指示されて、今すぐやることについては（何回かやったことがあれば、ある程度）わかる。しかし、「来週の音楽の時間は、体操服を着て体育館に集合」といった、時間的に離れた、いつもと違うできごとになると、かなり怪しくなる。

小学校のときは、ヨウ自身は把握できていなくても、特別支援級の担任と交流級（普通学級）の担任が把握して、フォローしていた。また、こうした連絡事項については、担任によってかなり濃淡があったものの、家庭へのこまめな連絡があった。

中学校では、特別支援級の担任と交流級の学級担任の対応（連絡）は小学校時代と変わらない。しかし、各教科を異なる先生が担当しているため、各教科に関する連絡が届きにくい。特別支援級の担任と交流級の担任は連絡し合っているようだが、各教科の担当者とは十分に意思疎通できていないようだ。

例えば、定期試験時に試験範囲のワークブック（を自習したもの）を提出するのだが、提出日時や提出先は、学年全体でプリントにまとめられて生徒全員に配られている。その指示が「提出先：担当教員」となっている場合、試験の際に提出する形になっていたり、試験当日に提出箱が用意されていたりする。そうしたことについては、授業中に教科の先生から口頭で説明があったりする。しかし、ヨウにはそうしたことがよくわからない。わからなければ、周りの友達に尋ねればいいのだが、ヨウにはそれができない。また、教科によっては、ヨウだけ特別支援級での提出になっている。こうしたことが、混乱に拍車をかける。

中学入学当初は、他の子も慣れていないので、全ての生徒にわかりやすい指示や連絡が心がけられていたようで、ヨウも何とかついていくことができた。しかし、2学期になったあたりから、かなり厳しくなってきた。3学期の学年末には、定期試験が新型コロナ感染による学級閉鎖によって、繰り返し順延されたために、ヨウはますます混乱した。提出物未提出の連絡（これは全生徒にいく）が来て、てっきり提出したものだと思っていた母が、特別支援級の先生と連絡を取り、捜索してもらった結果、交流級の机の中に入れたままになっていた。どうやら、ヨウは、どのタイミングで、どこ（提出箱とか）に出せばいいのかわからず、交流級には持って行ったものの、そのまま机の中に入れっぱなしにしたらしい。

もちろん、教科ごと・担当者ごとに異なる指示がされたり、当初の指示が途中で変更されたりしても、ヨウ自身がきちんと把握して、覚えておく、メモする、誰か（例えば、母）に伝えるといったことができなければならない。中学生なので、そうしたことができるようになることも自立の一環だろう。ただ、そうした困難を（特別に）支援してもらうために、ヨウを始め発達障害の子たちは特別支援級に在籍している。ところが、そうした「特別支援」に関する認識が、特別支援級内でしか、十分に働いていない。ギリギリ、交流級の担任が意識しているかどうかという程度である。

各教科の担当の先生が、授業で自分が担当する生徒全員の状況を把握することは、大きな学校では難しいだろう（ヨウの学校は普通学級だけで1学年9クラスある）。なので、各教科の担当の先生の指示が、特別支援教育対象の生徒や発達障害のある生徒に伝わる、もしくは伝わっているかを確かめるような「仕組み」が必要である。「仕組み」と表現したが、これは連絡の手順だったり、確認のチェックリストだったり、業務記録だったりといった、会社や組織では普通にやっていることである。

学校では、そうしたことの多くの部分が、それぞれの先生に丸投げされている。その結果、先生によって、やり方や程度が異なり、先生間での連絡や報告、もしくは生徒や保護者への連絡が上手くいかないことがある。事務処理能力や情報伝達能力は人によって違いがある。学校の問題の一つは、先生に多種多様な仕事を丸投げしていること、そして、すべての教師にマルチな能力を求めていることである。すべての教師が、授業が上手で、コミュニケーション能力が高く、事務処理も得意ということはない以上、無理がある。

発達障害の子の保護者は、子どもが特別支援級に在籍していても、支援級の担任や交流級の担任の事務処理能力や情報伝達能力、また、そのやり方を確かめる必要がある。そのためにも、保護者のほうからも、支援級の先生に細かく連絡を取ったり、確認したりしたほうが良い。そうした繰り返しの中で、情報伝達は改善されるし、自分の子どもの能力や問題もはっきりしてくることも多い。

妄想の発生？

中学生になり、ヨウに新たに発生した問題の一つが妄想（？）である。頭に物が軽く当たると、「脳損傷が起こったのでは」と心配になったり、目にものが入ると（すぐに取れたにもかかわらず）「失明するかも」と心配になったりする。ヨウは、幼児期には、同じ服しか着ないといった激しいこだわりもあったし、もともと初めてのものを食べない、いつもと違う場所では緊張するといった自閉症特有のこだわりはあった。小学生になってからは、服へのこだわりはなくなり、その他のこだわりもだいぶマシになってきた。しかし、中学生になってから、病気やケガに対する極度の心配性というか、恐怖心が出てきた。

学校でも、ヨウの妄想（？）によるトラブルが起きた。例えば、美術の時間に版画を彫っていたときのことである。何かが後頭部をかすった気配がしただけで、ヨウは「後ろの子の彫刻刀が頭に当たったかもしれない」と怖くなり、固まってしまった。たぶん、後ろの子が版画の板から木くずを払うときに、版画の板がヨウの頭をかすったりしただけである。また、校外学習の途中で、木の下を通ったときに、垂れ下がっている枝に少し頭をぶつけてしまい、そこから動けなくなり、父に迎えに来るように連絡が来たことがあった。

こうした妄想（?）が起こる際には、パターンがある。例えば彫刻刀の妄想のときは、こんな感じだ。版画はそれまでに1度しか経験したことがなく、ヨウには難しかった。さらに、その日は授業終了が近づいているのに、予定の部分まで彫り上げられそうにない。そのため、ヨウは焦っていた。そして、どうしていいかわからなくなり、混乱しつつあった。ヨウは、あることを始めると、途中でやめる判断が難しい。そんなときに、後頭部に何かが触れたのを感じた。振り向くと、後ろの席の子が彫刻刀で版木を削っている。「頭に彫刻刀が刺さりそうになったのではないか?」という考えが浮かび、ヨウは動けなくなった。

校外学習で動けなくなったときは、学校外のいつもと違う場所、そして校外学習というつもと違う状況で、なおかつ、時間が押していた。そのため、同じ班のメンバーにヨウは急かされていた。急いでいるときに、垂れ下がった木の枝に頭をぶつけてしまい、ヨウは座り込んだ。座り込んだヨウに、班のメンバーが「さっさと歩いて」とか、「ヨウのせいで予定より遅れている」などと声をかけた。それに対して、ヨウは言い返したり、すぐに状況を説明したりすることができない。固まると同時に「頭を木にぶつけて、脳にダメージを受けたのでは？」という考えが浮かんで、ますます動けなくなった。そして、班のメンバーの一人が先生に状況を伝えに行き、班のメンバーはヨウを残して移動することになった。ヨウは先生とその場に残り、連絡を受けた父が仕事を中断して迎えに行った。

ここまで「妄想」といってきたが、厳密には、妄想ではなく「強迫観念」である。強迫観念の場合、自分でも、実際にはそんなはずがないとわかっている。一方、妄想の場合、自分でも、それを事実だと信じているという違いがある（それほど確かな違いはないという意見もあるが）。ヨウの場合、周りの人に「大丈夫」とか「そんなことはないよ」と言ってもらえれば、納得し、安心する。そもそも本人も「そんなことはない」とわかっている。なので、妄想ではなく、強迫観念である。

自閉症の場合、こうした強迫観念は割と起こりやすい。元来、こだわりは自閉症の主症状の一つである。例えば、「脳にダメージを受けたかも」と考えてしまうと、その考えにこだわってしまう。そして、人とのコミュニケーションが苦手なので、そうしたこだわり（考え）を他の人に訴えて、否定してもらったり、周りの状況（特に周りの人のふるまい）から「そんなことはない」と自分で修正したりすることが難しい。

特に思春期以降の自閉症の子は、擦《す》りむいた程度で「ばい菌が体内に入って死ぬのではないか」「重い病気にかかったのではないか」というような強迫観念を抱くことが割と多い。また、疑心暗鬼、被害妄想、対人恐怖などが、不安症に近いレベルにまで高まる子も少なくない。こうした不安も、そんなに大したことのないミスに対して、ひどく叱られるに違いないとか、クラスメートに話しかけると笑われる、といった強迫的な思い込みに基づいていることがある。強迫的な観念は、自閉症の中核的な症状の一つであるこだわりから発生してきているという意味では、自閉症の普遍的な症状の一つと言えるかもしれない。

第６章（２５３頁参照）で書いたように、ヨウは小学校高学年のころ、人間の細胞を擬人化した『はたらく細胞』というマンガにはまった。そのときに、病気やケガに対して、人間の体（細胞）がどのように反応するのかに興味を持った。そして、細胞や細菌の名前や働きを、びっくりするくらい覚えた。自閉症の子の興味は、こだわりでもある。この興味（こだわり）が、数年を経て、ちょっとしたこと（ニキビができたとか、擦り傷とか）で、「自分は（ひどい）病気ではないか」とか「大ケガをしたのではないか」という強迫観念に結びつくようになってしまった。

家でもヨウの妄想（強迫観念）は起こる。ただ、家ではそうした妄想が起こると、ヨウはすぐに親（特に母）に訴える。すると、母に大丈夫だと説得されて、ヨウは一応納得する。これを繰り返しているうちに、本人が「さっき、目にものが入った。今は痛くないけど、失明するのではないかと不安です」といったように、「何が起こって、何に対して不安、もしくは心配になったか」を言語化できるようになってきた。

それと同時に、ヨウ自身が「自分は心配性である」「自分は何でもないことに不安になりやすい」ということが理解できてきた。今のところ、家では、不安になったら、それを訴えて「大丈夫」と言ってもらう、自分が不安に思っていることは、大したことではないと考えるといった対処によって少しずつマシになってきている。一方、学校では、こうした対処が上手くできないようである。学校では、ヨウは他の人に不安を上手く伝えられないし、不安が起こるのが、そもそもテンパっている状況下なので、「大したことはない」と落ち着いて考えることができない。ヨウにとって、学校（家の外）での対処法は、今後の課題である。

常同行動

中学生になったヨウには、他にも奇妙な癖が表れ始めた。例えば、洗面所で手を洗った後に、正面の鏡に向かって一礼するような動きをするようになった。しかも、その行為を指摘されるのが嫌なようで、理由を尋ねると、「う〜」と唸りながら走り去ってしまう。

自閉症児の特徴的な行動の一つに、あまり意味のない同じ動きを繰り返す「常同行動」がある。手を目の前でひらひらさせるといった常同行動をする自閉症児は多い。幼いころのヨウには、それほど派手な常同行動はなかったが、中学生になって、こうした行動がいくつか出てきた。家にいるときに、部屋の中で「うう〜」とつぶやきながら、小走りで数歩走るということがよくある。これも常同行動である。

常同行動を「あまり意味のない」同じ動きと言ったが、している本人にとっては、意味がないわけではない。例えば、自分自身に刺激を与えている場合がある。ヨウの小走りなんかはこれだろう。興奮したときや、落ち着かないときに単純な動きを繰り返すことで、興奮を収めたり、落ち着いたりすることもある。自閉症でなくても、落ち着かないとウロウロしたりするのと同じである。ただ、自閉症でない人は、他の人の視線があると（視線が気になって）あまりやらない。また、周りに知り合いがいれば、その知り合いに話しかけるといった言語化によって、動きは止まり、落ち着く。自閉症の人は、他者の視線で動きが抑制されにくく、また、言語化が起こりにくいために、その（常同）行動は周りの人には奇妙に見える。

一方、ヨウの洗面所での一礼は、「あまり意味のない」動きだが、自己刺激ではない。この常同行動のきっかけは「ハゲ」であった。中学入学後、しばらく、慣れない環境が苦手なヨウにとって、ストレスフルな状態が続いた。そのストレスが、机に向かって勉強している（そして、難しくてわからない）ときに、頭頂部の髪の毛を弄《いじ》る行動として表れた。そのうちに、弄っている頭頂部の毛が薄くなってきた。

この髪の毛弄りも、常同行動と言えなくはない。ただ、ストレス状況でのこうした行動は、一般的によく見られるもので、奇妙ではない。また、ヨウはこの髪の毛弄りをしているときに、他の人（父や母、学校では先生）が見ているのに気づくと、ハッとした様子ですぐに止めた。なので、いわゆる自閉症の常同行動とは少し違うだろう。

とにかく、頭頂部の毛が薄くなってきたことは一大事である。ヨウが頭を触り始めると、父や母が注意をして、やめさせるようにした。一番ひどかったころには、家では野球帽をかぶって、頭を触れないように対策しながら勉強していた。そして、ヨウは鏡の前で、頭頂部の状態を確認するようになった。お辞儀のような姿勢で、頭頂部を鏡に映して見ようとする。実際には、腰をかがめて頭頂部を鏡に映しても、自分の目では見えない。その後、頭頂部を触る悪癖はおさまり、ハゲも直った。しかし、洗面所の鏡の前での一礼だけは残って、常同行動になってしまった。

意味のない行為は常同行動かもしれない。一方で、行為に意味がある場合、特に積極的にしたほうが良い行為は、良い習慣と言える。ヨウの場合、部屋を出入りする際にドアを閉めることや、靴を脱いだとき、履きやすい向きにそろえる習慣が身についている。小学校低学年のころから、帰宅時の手洗い・うがいはしていたが、新型コロナの流行後は、完全に習慣になった。そして、新型コロナへの警戒感が薄れて、兄たちの手洗いがいい加減になっても、ヨウだけは、きちんと帰宅時に手洗い・うがいをしている。

とは言え、これらの良い習慣（行動）も、自閉症特有のパターン化した行動の側面がある。パターン化した行動なので、行為の意味を考えて行うわけではない。特定の状況で、特定の行動（行為）が、自動的に生じているに過ぎない。そのため、ヨウの習慣的な行為、例えば、ドアを閉める行為の場合、すぐ後ろに人がいても、かまわずドアを閉めてしまう。

自閉症の子にとって、パターン化した行動（行為）を身につけることは、それほど難しくない。そのため、（良い）習慣を身につけることはできる。一方で、常同行動として、無意味な行為が固着する場合がある。また、良い習慣も柔軟性を欠く。こうした長所と短所を考えながら、パターン化した行動、もしくは常同行動のうち良い習慣は残し、やめたほうがいいものは消していく取り組みが必要になる。常同行動を消すために、ヨウは、小さいうちは行動療法（応用行動分析）的な方法を使っていた。小学校中学年以降、コミュニケーションが良くなってきてからは、普通に言葉で伝えるだけで何とかなるようになってきた。

ただ、一つの常同行動を消すと、他の常同行動が起こりがちなので、鏡の前での一礼のように、あまり目立たないものは放っている。部屋の中で「うう～」とつぶやきながら小走りで数歩走るのは、ヨウにとって、感情や興奮のコントロールという意味がありそうである。これを止めると、髪の毛弄りのような、良くない行為が表れるかもしれないので、とりあえず放置している。

4．これから

高校に行けるか？

中3になったヨウの目下の悩みは、高校に行けるかどうかである。特別支援級の先生には「行くことのできる高校はあります」と言われている。ただし、「できる」というのが曲者《くせもの》で、先生の言う「高校」には単位制の高校なんかも入っている。単位制の高校には学力試験がなく、面接や書類審査だけだったりするので、成績が悪くても入学は「できる」。

そもそも、ヨウは単位制の高校とか、農業高校や商業高校のような実業高校と普通科の高校の違いなんかをよくわかっていない。ただ、ヨウはいじめられるのが心配で、不良がいるような高校には行きたくないと思っている。実際には、偏差値が低くても、特別支援級からの進学者が多い高校には、見た目からして「不良」といった子はあまりいないことが多い。ヨウの不良のイメージは、たぶんマンガやテレビ（ドラマ）の影響である。

自宅から電車で数駅以内に、2つくらい候補の高校がある。4、5駅以上離れたところまで範囲を広げればさらにいくつかの候補がある。しかし、電車通学の場合、事故や悪天候で電車が止まったときなんかに、ヨウは対処できない可能性が高い。トラブル発生時には、父や母が連絡を受けて迎えに行くことになるだろうが、高校が自宅から離れているとそうした対処の難易度が上がってしまう。

中3の夏休みに、ヨウは、三つの高校のオープンスクールに参加した。一つ目は、自宅から3駅離れたところにある短大付属の私立高校である。この高校は、以前は女子高だったので、ヨウの恐れているヤンキーっぽい男の子はほとんどいない。校則が厳しめなためか、女子も見た目は割と大人しめである。オープンスクールで学校説明会、校舎見学、模擬授業に参加したヨウの感想は「特に行きたい感じはしない」であった。お笑い関係のクラブがないところが減点らしい。とは言え、近所の高校で、お笑い関係のクラブのあるところはない。
ヨウが上から目線でダメ出ししたこの高校は、ヨウの学力的にいって、合格できるかどうかは五分五分である。塾の先生によると「定期テストで主要5教科５００点満点中２５０点くらいは欲しい。２００点強くらいで五分五分」とのことである。ヨウの定期テストの成績は２００点強のことが多く、ときどき（年間5回中1～2回は）、２００点を少し切る。かなりきわどい。しかし、1年生の3学期くらいから、勉強法を修正した効果が出てきたのか、3年1学期の中間テストで２７２点、期末テストで２９０点を叩き出した。これで短大付属の私立高校は行けるのではないかと、父と母は考えた。しかし、3年の夏休み前の三者面談で、特別支援級の先生に「かなり難しい」と言われてしまった。定期テストの点だけを見ると五分五分だが、模試（実力テスト）の成績だと無理な感じらしい。

確かに、ヨウは学校の定期テストでは２００点くらい、調子がいいと３００点近く取れるが、模試（実力テスト）では１２０～１４０点程度である。定期テストは狭い範囲からの出題である上に、問題や解答の形式にも慣れている。それに対して、模試（実力テスト）は範囲が広い（中学3年分）上に、ヨウにとって慣れない出題形式や傾向である。解答用紙も定期テストとは違う。慣れないものに弱いヨウは、最初のほうの設問の意図がわからなかったり、記述問題に時間を取られたりで、なかなか得点できない。

これまでも、テストの際に、１問目から順番に解き始めて、難しい問題にひっかかると途中で時間切れになり、後半の問題が手つかずになることが多かった。定期テストに関しては、設問形式がいつも同じである。なので、例えば、英語の場合は選択問題→並び替え→記述問題（英文の訳など）の順でやることにして、40～50点が取れるようになってきた。模試（実力テスト）も同じようにやればいいのだが、問題のレイアウトなんかが違うだけで、ヨウは対応できなくなる。どんなテストにも対応できるようにすることは難しいので、とりあえずは受験する高校の過去問をたくさんやって、形式に慣れることが対策になるだろうか。

二つ目に参加したオープンスクールは、自宅から２駅離れたところにある公立の農業高校である。農業高校なので、実習がたくさんあるが、勉強はかなりやさしめである。偏差値的には一つ目の短大付属の私立高校と同程度だが、学科によっては定員割れしている年度があるために、少し入りやすくなっているかもしれない。オープンスクールでは学校説明会、校舎見学に参加したが、ここでも、ヨウの感想は「特に行きたい感じはしない」であった。農業高校、特に実習のイメージがつかめないらしい。父や母としても、体が小さくて、体力のないヨウが、農業実習なんかに耐えられるのかに不安はある。

この農業高校は公立なので、入試では内申点もかなり影響する。ヨウの内申点は5段階で言うと真ん中よりちょっと低めの2・8くらいである。3を切っていると、やはり学力検査（ペーパーテスト）勝負になり、この農業高校も五分五分らしい。なので、合格できるかどうかは、受験の倍率が定員割れするかどうかにかかっている。

三つ目に参加したオープンスクールは、自宅から3駅離れたところにある通信制・単位制の私立高校である。対象としているのは、全日制の高校を中退した子、不登校や発達障害で全日制の高校に通いにくい子などのようである。オープンスクールには、ヨウ以外にも、発達障害っぽい子とその保護者も参加していた。この高校は単位制なので、週3日程度登校日があり、それぞれ2〜4時間くらい授業を受ける。そして、レポートやテストをこなして、単位を取っていく。

オープンスクールに参加したヨウの感想は、「まあまあ」だった。単位制という学校の特徴から、登校して受ける授業でも1クラスの生徒数はかなり少ない。全日制の高校が難しい子が対象なので、雰囲気は特別支援級に似ている。どうやら、そうした特別支援級に似た雰囲気が安心できるようだった。この単位制の高校のオープンスクールに参加したことで、ヨウ自身が高校の普通学級でやっていけるかに不安を抱えているらしいことが垣間見えた。

小学1年生のときからずっと、ヨウは特別支援級に在籍している。高校進学後に普通学級でやっていけるのかは、かなり不安なところである。特別支援級からの進学という意味では、この単位制の高校は良い選択かもしれない。一方で、単位制であるため、「自分のクラス」といったものがなく、生徒同士のつながりが薄い。これまで、ヨウには友達がいなかったが、それは自閉症という発達障害のためだけではなく、特別支援級という環境もあったかもしれない。単位制の高校に行けば、友達を含めた同世代の人間関係をしっかりと経験することなく、学校生活を終えることになる可能性もある。

中3の秋の時点では、父と母の中では、短大付属の私立高校を第一志望、公立の農業高校を第二志望、単位制の高校を第三志望としている。この志望順は、単に入試日程の順である。何とか全日制の高校（短大付属や農業高校）に入学できたとしても、中学までのように特別支援級はない。普通学級の中でヨウが高校生活を送れるかどうかは未知数である。

高校生活への展望

ヨウの場合、高校卒業後、どのような形で社会に出るか（仕事に就くか）は、高校進学以上に悩ましい部分がある。そのため、高校を卒業後、就職するまでに時間的な猶予を作りたいとの思いが父と母にはある。その点、短大付属の高校は、よほど勉強ができないといったことがなければ、上の短大に推薦で進学することができる。

大学は高校までと違って、自分で履修科目を選択しなければならなかったり、自分で調べてレポートを書かなければならなかったりする。ヨウの苦手な領域である。しかし、短大は2年間しかなく、カリキュラムがかなり過密なために、学生の選択の余地はあまりない。多くのことを決まった通りにやらないといけない短大なら、（親の莫大なフォローがあれば）ヨウにも何とかなるかもしれない。それに、普通の高校で3年間過ごすことができたなら、（短期）大学でも何とかなるかもしれない（という希望的観測を持っている）。少なくとも、社会に出るまでの時間を引き延ばすことができる。

農業高校は、就職に直結するところが魅力である。問題は体力だ。ヨウは体力や筋力がないので、農業実習なんかについていけないかもしれない。実習では、ヨウにとって新しい体験が多いことも不安要素である。実習中の突発的なトラブルや変更に対応することは、自閉症のヨウには難しいだろう。そもそも、農業実習ではチームでの作業が多いが、ヨウにそうした集団行動ができるのかもわからない。一方で、ヨウは決まったことや言われたことは真面目にできる。手順なんかをきちんと把握できれば、意外と作業そのものは苦にしないかもしれない。

　また、就職について考える以前に、短大付属の高校にせよ、農業高校にせよ、普通学級でやっていけるかが大きな問題である。その点、単位制の高校は、授業時の生徒数を始め、特別支援級の雰囲気に近い。また、カリキュラムを見る限り、勉強自体は（少なくとも現在のヨウならば）やっていけそうである。つまり、卒業（高校卒業資格の取得）自体は可能だろう。ただ、高校卒業資格を取るだけだと、勉強の内容に関しては、必要最小限になっている。農業高校も英数国理社といった科目の勉強に関しては最小限だが、職業訓練的な農業に関する科目や実習がある。単位制の高校の場合、そうした職業に結びつく勉強・科目はない。そのため、卒業はできても、その後が難しくなる。

　とりあえず、父と母は短大付属の高校か公立の農業高校に合格できれば、受かったほうに入学すればいいと思っている。その上で、通い続けることが難しくなったら、単位制の高校に編転入する方向で考えている。[2] 小学校、中学校も、入学する前はいろいろと心配なことも多かったし、入学してからもさまざまな問題が起こったが、何とか乗り越えてくることができた。高校でも同じように、問題が起きても、何とかなりそうな気はする。

　本人にどの（どんな）高校に行きたいのか尋ねると、「お笑いクラブのある高校」と答える。ヨウの夢は高校でお笑いクラブに入り、そこで漫才の相方を見つけることである。なんでも、若手漫才師には、高校時代にコンビを組んだ人たちが多いから、自分も同じようにしたい（すべき）らしい。しかし、ヨウが普段、面白いことを言ったりするわけではない。自閉症や知的障害（幼さ）から、ときどき頓珍漢な行動をするのが面白いと言えなくもないが、芸人的な面白さというわけではない。それに、漫才コンビを組みたいと言っている割に、漫才のネタを考えたりするわけでもない。相方に考えてもらえばいいと思っているのだろうか。今のところ、たまに、次男オトが漫才のネタっぽいものを提案し、ヨウがゲラゲラ笑っていることはある。しかし、オトとヨウが二人で漫才をしたりする様子はない。確かに、オトは脚本家とか放送作家には向くかもしれないが、自分で演じるのは無理かもしれない。もちろん、ヨウも漫才をやれるようには、まったく思えないのだが……。

障害者手帳を取るべきか？

障害がある場合、（公的な）福祉支援を受けられることがある。支援の内容は、障害の種類や程度によって異なる。障害やその程度を示すものとして、障害者手帳がある。障害者手帳は、身体障害者手帳・療育手帳・精神障害者保健福祉手帳の３種の手帳を総称したものである。知的障害のある子どもに対しては、療育手帳が交付される。療育手帳の対象は子どもなので、交付する機関は主に児童相談所になることが多い。

療育手帳制度は、各自治体において、判定基準等が異なる。基本的には知的障害が対象なので、知的な遅れがあれば交付されるが、知的障害を伴わない自閉症などについても交付している自治体もある。我が家が暮らす自治体では、基本的に知的障害の有無と日常生活での自立の程度を手帳交付の判定基準にしている。ヨウの場合、日常生活での自立の程度はギリギリ（判定基準に）当てはまるような気もするが、知能指数は80を超えており、標準とは言えないが、（知的）障害とも言えないグレーゾーンである。

現在、中学生のヨウは学校では特別支援級にいるが、療育手帳は持っていない。中学の間は、大きくは困らない。ただ、特別支援学校の高等部への進学は、療育手帳がないと難しい。つまり、ヨウは普通に高校受験をしなければならない。ヨウは障害者とは認めてもらえないが、いろいろな面で平均を下回り、できないことや苦手なことがあるので困っている。高校以降、就職や、仕事では、すごく困るだろう。障害のためにできないことや苦手なことがあるのをわかってもらえないと、単なる仕事のできない人と思われてしまう可能性が高い。

そもそも、ヨウのコミュニケーション能力や社会性では、全く何の配慮もなしに、健常者と同じ仕事をすることは難しい。配慮を受けつつ仕事に就ける可能性としては、精神障害者保健福祉手帳を取得して、障害者雇用枠で働くことが考えられる。自閉症の場合も、日常生活での困難があれば、精神障害者保健福祉手帳を取得することはできる。ヨウの場合、コミュニケーション能力や社会性の低さは日常生活での困難にあたり、強迫観念や不安（症）はある種の精神症状とみなされるかもしれない。

ただ、この後、ヨウのコミュニケーション能力が伸びたり、強迫観念や不安が克服されると手帳の取得が遠のく。一方、コミュニケーション能力が伸びなかったり、強迫観念や不安が今よりもひどくなったりすれば、仕事どころか日常生活がままならなくなる。ヨウは、障害者というには微妙だが、いわゆる健常者というには能力がついていかない。そのため、障害者としての配慮や支援は受けにくい中で、健常者に交じって競わないといけない状況に置かれている。そのことが、高校受験や就職が見えてくる中ではっきりしつつある。

とは言え、この悩みは、高校進学を考えるところまで、ヨウが成長したという証でもある。3歳頃までは会話も難しかったヨウが、中学生になった今では、テレビで漫才やコントを見て、笑いのポイントやネタの出来を母や兄たちとしゃべるまでになった。学校の勉強も下から10～15％くらいの成績とは言え、何とかやっている。できることが増えたために、周りの子たちと比較するようになり、できないことが目立ってきたがゆえの悩みに直面していると言えるだろう。

1 山岸俊男 1998『信頼の構造』東京大学出版会。

2 各学校のカリキュラムによるものの、全日制の高校に、とりあえず1年間（1年生の終わりまで）在籍すると、高校卒業に必要な単位のかなりの部分がそろう（長男セイの不登校からの高校退学、その後の高等学校卒業程度認定試験〈旧大学入学資格検定〉で経験済み）。そうすると、通信制・単位制の高校に編転入した場合にも、その後が楽になる。

あとがき

本書は、我が家の自閉症の三男ヨウの生活を綴った、ちょっと学術的な子育てエッセイである。ヨウの自閉症の症状はそれほど顕著ではなく、知的な遅れも軽微だが、学校では普通学級は難しく、特別支援級に所属している。本書はあくまで個別の事例であり、広く発達障害の子に当てはまるというわけではないかもしれないが、特に軽度の障害児の保護者や養育者に、少しでも有益な情報を届けられたらという思いで執筆した。

発達障害の原因は生まれつきの脳機能の障害だが、多くの場合、成長の過程で症状や症状に伴う問題や困難が生じてくる。そして、子どもは成長していく過程で、保育園や幼稚園、小学校、中学校……と、身を置く環境を変えていく。親は変化していく問題や困難とともに、変わっていく環境にも対応、そして適応しなければならない。

しかし、具体的な対応策を、と考えたときに、困ってしまう。まず、子ども一人一人で、症状、問題、困難が千差万別である。もちろん、自閉症なら自閉症なりの、AD／HDならAD／HDなりのパターンというか、大枠のようなものはある。なので、自分の子どもがどの障害に当てはまるかを知り、その障害について調べたり、学んだりすることは有効だし、必要なことであるが、我が子にピッタリの解答が見つかることは少ない。

それでも、解決のヒントが見つかることはある。この本も、発達障害のお子さんを持つ保護者や特別支援教育に携わる先生にとっての、いくばくかのヒントになればと願う。

将来の夢

ところで、高校（進学）について考え始めたヨウは、お笑いクラブのある高校がほとんどないことを知った。しかし、多くの大学にはお笑いサークルがあると聞いて、大学進学を検討し始めた（その前に、高校に入れるかが問題なのだが……）。最近、長男セイの大学の広報パンフレットに掲載されたお笑いサークルの紹介記事を見て、セイに大学の学園祭へ連れて行ってもらうお願いをするかどうかを悩んでいた。ヨウによると、大学のお笑いサークルがどんな様子か調査の必要があるらしい（笑）。

将来の夢と言えば、ヨウは高校を卒業したら、一人暮らしをしたいらしい！　現在のヨウは、ほとんど家事はできない。家事どころか、その日に着る服を決めたり、学校の準備とかも、かなりの部分を母に手伝ってもらっている。一人暮らしの前に、もっと自分のことを自分でできるようになってほしい。そんな母の気持ちとは関係なく、中3の夏休みのある朝、起きてきたヨウは、突然、「一人暮らしができるように料理を練習したいので、今日の朝ご飯は僕が作ります」と言い出した。そして、母にフォローされながら朝ご飯を作った。母が一人でするよりも倍以上の時間がかかり、母の労力も倍以上であった。

進学にせよ、就職にせよ、一人暮らしにせよ、ヨウにはかなり厳しい。現実の把握や自己認識が不十分な点が、自閉症、もしくは知的障害の症状とも言えるだろう。とは言え、（現実とはズレているものの）将来について考えることができるようになってきたことは、中学卒業が近づいてくる中での大きな成長と言える。

発達障害と大学

ヨウは現在、中学3年生なので、本章は高校までの展望で終わっている。が、筆者（父）

の職業は大学教員である。そこで、大学と就職について少し触れておきたい。

文科省の調査（学校基本調査）によると、２０２２年度の大学への進学率は56・6％、短大・専門学校なども含めると83・8％が、高校卒業後に何らかの高等教育機関へ進学している。８割以上の人が進学している状況を考えると、発達障害があろうとも、高校卒業後、大学を含めた進学を考える人も多いだろう。

父の勤務する関西の私大でも、発達障害の学生はそれほど珍しくない。そのため、現在、多くの大学で障害学生支援のための制度や組織が整備されている。例えば、父の大学では、障害学生のための支援室が設置されている。支援室では、障害のある学生が相談すると、コーディネーターが障害の状況・必要な支援等の確認を行い、その学生の受講している授業の担当者に、必要な支援について伝えてくれたりする。また、支援室にはカウンセラーが常駐しており、学生が緊急避難的に飛び込むこともできる。

授業で困ったことがある際には、担当の教員に相談したほうがいいが、大学の先生（授業担当者）は高校までの先生と違って、学生と距離があることも多い。また、大学教員の発達障害に対する理解は、小・中学校の先生たちの足元にも及ばない。そのため、まず、障害学生のための支援室のカウンセラーに相談し、先生との間を調整してもらうという方法もある。

ただし、支援室のコーディネーターやカウンセラーの大半が非常勤である。そのため、支援室（の職員）の立場は弱く、他の部署（教務課等）や大学の執行部だけでなく、授業を担当する教員にも強く申し入れることができない。また、さまざまな支援が、支援室のコーディネーターやカウンセラーと授業担当の教員だけで対応する形、つまり、現場への丸投げ、となっている。こうした問題は、本書の中で指摘してきた学校の問題と同じで、上は理念を掲げ、制度（枠組み）は作るが、中身は現場任せとなっていることが多い。

どの大学も支援の制度や組織はあるだろうが、実際の運用は大学によって異なっている。そのため、発達障害の子が大学を選ぶ際には、その大学の障害支援の実態を確認したほうがいい。大規模な大学は、それなりに制度は整っているものの、運用はお役所仕事、もしくは現場任せのことが多い。小規模大学は、制度はあっても看板だけで、中身がないといったひどいところから、かなり手厚く対応してくれるところまで、ピンキリのようである。いずれにせよ、そのときの担当者の当たり外れは大きい。

そもそも、大学は高校までと違って、いろいろな意味で自由である。自由であるがゆえに、多くのことを自分で決めなければならないし、選択しなければならない。これが発達障害のある学生には難しいことが多い。例えば、大学では、どの授業を取るかを自分で決めて、自分の時間割を作らないといけない。父の大学でも、これが難しくて（どうすればいいか、わからなくて）、障害学生のための支援室に飛び込んでくる学生が多いらしい。

また、教室は授業によって違うので、自分で移動にかかる時間なんかも考えつつ、向かわないといけない。授業のスタイルもさまざまで、大量の資料を配る先生や、一方的にしゃべりまくる先生など幅広い。そうしたさまざまな授業スタイルに対応（適応）することが求められる。そして、成績評価のスタイルもさまざまである。基本的にはテストかレポートであるが、そのテーマや形式も千差万別のため、発達障害の学生が混乱する場面は多いだろう。高校までと違って、大学はいろいろなことが自由な分、自分で決めたり、選んだりすることが多く、親が支援することも難しい。

なお、発達障害の子が大学に進学するメリットとして、社会に出るまでの時間を稼げることがある。大学は最大で８年間在籍でき、４年で卒業する必要はない。他の人よりも時間をかけて、成長していくというのも手ではある（ただし、親の経済的負担は結構厳しい）。

発達障害と就職

ヨウは現在、高校に入ったら漫才コンビを組みたいと言っているが、芸人になりたいわけではないらしい。本人曰く「（お笑いの世界は）厳しい世界なので、僕がやっていけるとは思いません」とのことである。ヨウのなりたい職業は、小学校低学年頃にはピアノの先生、中学年にはマンガ家……と変遷してきたが、中学3年生の現在は、はっきりした目標はないようだ。体が小さいので、力のいる仕事はなかなか難しいと父と母は考えている。ヨウに向いているのは、自閉症の特徴から考えても、やることが明確に決まっている仕事——例えば、工場のライン作業なんかは、慣れればできると思う。データ入力とか、データのエラーチェックなんかも、やるべき内容を具体的に指示されれば可能かもしれない。とは言え、職場で、戦力になるところまでヨウに仕事を教えるのも一苦労だろう。「障害」を理解してくれる職場でないと、働くことは難しいように思える。

「職場に『障害』を理解してもらう」ことを考えると、障害者枠での雇用を模索しなければならない。障害者枠での雇用には、障害者手帳が必須である。なので、今後はヨウも障害者手帳を取ることを考えないといけないかもしれない。中学校では特別支援級に在籍し、高校は全日制の普通科や、工業や商業などの専門学科に行った（発達障害の）子が、障害者枠で就職した例はそれなりにある。

ただし、大学にまで行けていると、障害者手帳取得の条件に当てはまらない（とみなされる）こともある。一方で、障害者としてではなく、一般的な就職をした場合、大卒としての能力を期待される。障害によって生じる困難や問題があった場合、それを理解してもらわないと、学歴相当の能力がないとみなされる可能性がある。

本当のあとがき

21世紀になってから、信用するに足らないトンデモ本から、専門家でなければ理解できない専門書まで、発達障害に関する本やネット情報は爆発的に増えている。なので、概論的な内容を知るのはそれほど苦労しないかと思う。お子さんが発達障害の場合には、どこかの時点で、何冊か概論書的な本を読むことは必要だろう。

また、発達障害をテーマにした子育てマンガやエッセイなんかも、かなりの数が出ている。本書もそうした子育てエッセイの一つと言えるかもしれない。子育てマンガやエッセイは、自分の子ども（子育て）に当てはまれば役に立つ。無論、「すべてが自分の子どもと同じ」という本はないが、数多くの（発達障害をテーマにした）子育てマンガやエッセイの中から、合いそうなもの、合いそうなエピソードを参考にしてもらえればいいのではないかと思う。そして、本書もそうした中の一冊となれば幸いである。

　発達障害をテーマにした子育てマンガやエッセイは、学術的な研究や知見としては、一般的には評価されない。しかし、一冊一冊は個別の事例であるものの、積み重なることにより、医学領域で言うところの症例研究のような形になっていく可能性がある。具体的には、発達障害をテーマにした子育てマンガやエッセイが数多く出版されることで、現場で生じている問題が認識されるようになったり、体系的な解決法が見いだされたりするかもしれない。本書もそうした中の一冊になることが、発達障害の子どもにかかわる臨床家である母と研究者としての父の望みである。

柴田　哲（しばたてつ）

1970年、兵庫県生まれ。関西の国立大学教育学部教育心理学科、大学院教育学研究科博士課程を修了。博士（教育学）。東海地方の国立大学教育学部准教授を経て、現在、関西の私立大学文学部教授。専門は発達心理学。柴田哲、コウはともにペンネーム。

柴田コウ（しばたこう）

1973年、大阪府生まれ。関西の国立大学教育学部教育心理学科、大学院文学研究科博士課程を単位取得退学。臨床心理士・公認心理師。乳幼児健診の発達相談員等を経て、現在、児童相談所の児童心理司。

発達《はったつ》障害《しょうがい》児《じ》を育《そだ》てるということ

2023年11月30日初版1刷発行

著　者 —— 柴田哲　柴田コウ
発行者 —— 三宅貴久
装　幀 —— アラン・チャン
印刷所 —— 萩原印刷
製本所 —— ナショナル製本
発行所 —— 株式会社 光文社
東京都文京区音羽1-16-6(〒112-8011)
https://www.kobunsha.com/
電　話 —— 編集部03(5395)8289　書籍販売部03(5395)8116
業務部03(5395)8125
メール —— sinsyo@kobunsha.com

R ＜日本複製権センター委託出版物＞
本書の無断複写複製（コピー）は著作権法上での例外を除き禁じられています。本書をコピーされる場合は、そのつど事前に、日本複製権センター（☎ 03-6809-1281、e-mail : jrrc_info@jrrc.or.jp）の許諾を得てください。

本書の電子化は私的使用に限り、著作権法上認められています。ただし代行業者等の第三者による電子データ化及び電子書籍化は、いかなる場合も認められておりません。

落丁本・乱丁本は業務部へご連絡くだされば、お取替えいたします。
© Tetsu Shibata, Kou Shibata 2023 Printed in Japan ISBN 978-4-334-10132-9

1250
会社のなかの「仕事」 社会のなかの「仕事」
資本主義経済下の職業の考え方
阿部真大

際限のない「超」長時間労働、蔓延するやりがい搾取、働き手を蝕む過剰サービス。日本人の働き方は、どうすれば変えられるのか？ 疲弊した日本経済に「職業の社会学」が新たな地平を拓く。

978-4-334-04657-6

1251
山本五十六、最期の15日間
歴史に埋もれた「幻の3番機」
池田遼太
〈語り〉青木藏男

「私は1943年4月18日、米軍に撃墜された長官機の後ろを飛んでいました」。99歳の元搭乗員が明かす、山本五十六の戦死の真相。日本海軍の頂点と地べたが交わる戦場ノンフィクション。

978-4-334-04658-3

1252
再考 ファスト風土化する日本
変貌する地方と郊外の未来
三浦展

全国各地のロードサイドに同じような商業施設が建ち並ぶ「ファスト風土化」によって、郊外とそこに暮らす人々の意識はどう変わったか。小説家、建築家、研究者ら13名の論考を収録。

978-4-334-04659-0

1253
コミュ力は「副詞」で決まる
石黒圭

「めっちゃ」「やっぱり」「じつは」「なるほど」「せっかく」「あいにく」「おかげさまで」…etc. 気持ちを効果的に伝える最強の助っ人「副詞」、その分類と機能を知り、使い方の勘所を学ぶ。

978-4-334-04660-6

1254
阪神タイガースはなんで優勝でけへんのや？
喜瀬雅則

歴史 看板 風土 戦略 育成 苦悩 誤解 派閥 そして「アレ」――9つの枠組で分析する優勝が遠のく理由。阪神ファンの元番記者だから書けた「新・阪神タイガース論」。

978-4-334-04661-3

1255

定年前と定年後の働き方
サードエイジを生きる思考

石山恒貴

定年前と定年後の働き方は、個人の思考ひとつで大きく変わる――。この時期を、どう働き、どう過ごし、どう生きるのか。幸福な働き方を実現する思考法を、研究理論と実例から探る。

978-4-334-04662-0

1256

編集者の読書論
面白い本の見つけ方、教えます

駒井稔

古典新訳文庫創刊編集長が綴《つづ》る気取らぬ読書論。話題は海外の書店や出版社、作家、歴史的人物、古典、短編、児童書へと縦横無尽に広がり、未読の本の存在にわくわくすること間違いなし！

978-4-334-04663-7

1257

超遺伝子《スーパージーン》

藤原晴彦

生き物の不思議を司る超遺伝子。メスの一部だけが擬態するナガサキアゲハなど、ダーウィンとウォレスが残した謎を解き明かして見えてきた、遺伝学の新たなフロンティアに迫る。

978-4-334-04664-4

1258

理想の職場マネージメント
一軍監督の仕事

髙津臣吾

個性豊かな選手がひとつの方向を向くチームをつくるには？セ・リーグ連覇、交流戦優勝、ゆとりローテーション、言葉の力――球界に革新を起こす名将が自らのマネージメント手法を語る。

978-4-334-04665-1

1259

参議院

倉山満

参議院を制する者が日本の政治を制する――。参議院とはいかなる存在なのか。誕生の背景から歴代政権のスタンス、そして現代日本政治まで、憲法学、政治学、歴史学の視点で検証。

978-4-334-04666-8

光文社新書

1260
東大生のジレンマ
エリートと最高学府の変容

中村正史

急増する休学者に、急進的な起業志向——保守的なはずの東大で、あえて「レール」を踏み外す学生が増えている理由とは？ 激変する東大と東大生の「今」を、当事者たちの声が浮き彫りにする。

978-4-334-04667-5

1261
宇宙・0・無限大

谷口義明

私たちの想像が及ばないほど広大な宇宙は無限の大きさを持つのか。また、この宇宙に0となる物理量は存在するのか。シンプルながらも深遠な問いに天文学者が果敢に挑む一冊。

978-4-334-04668-2

1262
世界視点で読む
企業戦略とアート

上坂真人

なぜ世界のトップ企業は事業としてアートに投資するのか。日本には何が欠けているのか。ビジネスとしてのアートの役割と活用法を、豊富な事例とデータから分析・提言する。

978-4-334-04669-9

1263
教養を磨く
宇宙論、歴史観から、話術、人間力まで

田坂広志

哲学の究極の問い／「運命」とは何か／「人生百年時代」の覚悟／「死」とは何か／二一世紀の「利他主義」——教養とは答えの無い問いを問い続ける力。21世紀の「新たな教養」論。

978-4-334-04670-5

1264
戦時下のウクライナを歩く

岡野直

突如始まったロシアによるウクライナ侵攻。破壊された街で、失われた日常に、そこに生きる人たちは何を思うのか。ジャーナリストが歩いて、見て、聞いた、市民による〝戦い〟の記録。

978-4-334-04671-2

光文社新書

1265
アフガニスタンの素顔
「文明の十字路」の肖像
青木健太

カブール陥落から2年――タリバン統治の実態は？　女性の権利は？　和平実現への道筋は？　そして日本が果たすべき役割は？　激変するアフガニスタン社会を広く深くリポート。

978-4-334-04672-9

1266
生理痛は病気です
邱紅梅

「我慢してやり過ごす」はNG！　日本女性の生理が社会の犠牲になっていること、その先に待ち受けるリスクを解説。原因を根本から解決する「養生」の方法を中医学をベースに伝える。

978-4-334-04673-6

1267
ChatGPTの全貌
何がすごくて、何が危険なのか？
岡嶋裕史

ChatGPTと上手に付き合う方法を学び、その能力を最大限引き出すには？　基礎知識からクリエイティビティ、今後の進化、人類の未来への影響までわかりやすく解説。

978-4-334-10013-1

1268
アートとフェミニズムは誰のもの？
村上由鶴

「みんなのもの」になろうとするエネルギーを持っているアートとフェミニズム。両者に対する理解の断絶が進んでいる現在の状況に風穴を開けるには？　美学研究者による新しい試み。

978-4-334-10014-8

1269
不自由な社会で自由に生きる
「自由論」講義録
ウスビ・サコ編

社会は自由なように見えて、昔も今も違う形で不自由だ。宗教、表現、芸術、性、公共、そして私自身――。私たちを縛るものを知り、自由をつかみとるための8つのレッスン。

978-4-334-10015-5

1270

まんが 押川先生、「抗がん剤は危ない」って本当ですか？

押川勝太郎　おちゃずけ

怖いのは、闘う相手の正体を知らないから――治療の不安、医師との関係、お金、患者会、食事、周囲の人の心得など様々な疑問に、YouTubeで活躍の腫瘍内科医がまんがで答えます。

978-4-334-10016-2

1271

結婚しても一人
自分の人生を生ききる

下重暁子

しょせん、夫婦は他人――。大事なことは「求めない」「期待しない」etc. 夫婦がストレスなく暮らしていくためのヒントとは。50年続いた結婚生活と87年の人生を振り返りながら綴る。

978-4-334-10017-9

1272

日本のコミュニケーションを診る
遠慮・建前・気疲れ社会

パントー・フランチェスコ

本音と建前、過剰な遠慮、「キャラ」の空疎な会話。『アニメ療法《セラピー》』著者のイタリア人精神科医が、日本社会の独特なコミュニケーションによって心身を害する危険性に警鐘を鳴らす。

978-4-334-10066-7

1273

新書100冊
視野を広げる読書

高橋昌一郎

いま、何を読んでおくべきなのか？　今日のニュースの背景から、あの学問の最先端まで。多彩な分野のエッセンスを、この1冊に凝縮。「知」の足場を築くための珠玉のブックガイド。

978-4-334-10067-4

1274

恋愛結婚の終焉

牛窪恵

恋人は欲しくない？　恋愛は面倒？――でも、結婚はしたい!?　改善されない未婚化と少子化の真の原因はどこにあるのか。昭和の常識から脱却し、「共創結婚」の重要性を検証・提案する。

978-4-334-10068-1

光文社新書

1275
朝、起きられない病
起立性調節障害と栄養の関係
今西康次

「だるさや頭痛、吐き気で起きられない」…中高生の1割が悩む起立性調節障害を栄養の観点から治療・改善させている医師が、発達に必要な栄養や周囲の対応について症例を交え解説。

978-4-334-10069-8

1276
人事変革ストーリー
個と組織「共進化」の時代
髙倉千春

個が活きる組織とは――。複数の外資企業や日本企業で戦略人事や人事制度改革に取り組んできた人事のプロフェッショナルが、これからの日本企業に求められる「新たな知恵」を示す。

978-4-334-10088-9

1277
愛とラブソングの哲学
源河亨

この世はなぜラブソングであふれている⁉︎ 共感できるから？ 愛が普遍的だから？ 生物学・脳科学・歴史学・社会学など様々な学問を駆使して、哲学研究者が問いの答えに迫る。

978-4-334-10089-6

1278
ワクチンを学び直す
岩田健太郎

効果、安全性、種類、活用法――最新の動きに加え、予防接種制度や海外のワクチンも含めたワクチン接種の全体像を、感染症の専門家が分かりやすく解説。今こそ、正しい知識を！

978-4-334-10090-2

1279
日本企業はなぜ「強み」を捨てるのか
増補改訂版『日本〝式〟経営の逆襲』
岩尾俊兵

「カネよりヒト」のスタイルこそ日本企業の強みだったが、自らその姿勢を手放してしまったのはなぜか。東大初の経営学博士号を取得した気鋭の経営学者が説く、日本経済復活への道。

978-4-334-10091-9

1280

新説 徳川家康
後半生の戦略と決断

野村玄

秀吉の没後、豊臣家と豊臣恩顧の大名たちの制約の中で家康はどのように政治的な手腕を発揮し、幕府の礎を築いていったのか。一次史料から家康の真の偉大さに迫る。

978-4-334-10131-2

1281

発達障害児を育てるということ

柴田哲　柴田コウ

父は発達心理学を研究する大学教授。母は公認心理師。発達の専門家夫妻が軽度自閉症児の息子と送る日々を、保護者視点と研究者視点を行き来しながら綴った「学術的子育てエッセイ」。

978-4-334-10132-9

1282

教養としてのパンク・ロック

川崎大助

「パンク」の語源は？　誰が「パンク・ロック」と名付けたのか？　なぜ髪を逆立てるのか？　なぜトゲトゲの付いた革ジャンを着るのか？　パンクの発想・哲学を名盤１０５枚とともに解説。

978-4-334-10153-4

1283

犯罪へ至る心理
エティエンヌ・ド・グレーフの思想と人生

梅澤礼

どのようにして人は犯罪に手を染めることになるのか。誰もが罪を犯しうるとしながら、それでも防ぐ方法を模索し続けた、20世紀ベルギーの精神科医・犯罪学者・作家の歩みを丁寧に辿る。

978-4-334-10134-3

1284

だからタイはおもしろい
暮らしてわかったタイ人の「素の顔」

髙田胤臣

経済格差、階級社会、利己主義……。微笑みの裏側には色々あっても、したたかに、サバーイ（気楽）に生きる。ともに暮らしてはじめてわかる、タイ社会とタイ人の本質とは。

978-4-334-10135-0